DOMINA EL HOMESCHOOL BILINGUE:

Criando niños que brillen en dos idiomas y culturas

PUBLICADO POR:
Corto y Dulce Homeschooling

Adele Morales

Copyright © 2025 Adele Morales
Todos los derechos reservados.

Ninguna parte de esta publicación debe ser reproducida, almacenada en un sistema de recuperación o transmitida en ninguna forma ni por ningún medio, ya sea electrónico, mecánico, fotocopia, grabación o de cualquier otra manera, sin el permiso previo por escrito de la autora, excepto en el caso de breves citas utilizadas en reseñas o análisis críticos.

Primera edición: 2025
Publicado por: Corto y Dulce Homeschooling
www.cortoydulcehomeschooling.com
ISBN: 979-8-9996749-0-6

Este libro está basado en experiencias, observaciones y opiniones personales. No pretende sustituir el consejo profesional, académico o legal. Con excepción de las historias reales / testimonios, cualquier semejanza con situaciones o personas reales es puramente coincidente.

Impreso en los Estados Unidos de América

Domina el homeschool bilingue

TABLA DE CONTENIDO

TABLA DE CONTENIDO...3
DEDICATORIA 5
PREFACIO 6
🕮 A quien educa entre mundos...9

Parte I: EL LLAMADO Y TU IDENTIDAD 13
Capítulo 1: NACIDA PARA EDUCAR 14
Capítulo 2: ¿Y SI EL PROBLEMA NO ERES TU? 25
Capítulo 3: ¿POR QUE BILINGÜE Y NO SOLO INGLES? 32
Capítulo 4: CRIANDO ENTRE DOS MUNDOS 38
Capítulo 5: MODELOS BILINGUES QUE FUNCIONAN509
Capítulo 6: LA ESCUELA QUE EMPEZO EN MI SALA… 58

Parte II: ENSEÑAR CON INTENCION Y LIBERTAD 64
Capítulo 7: FE Y FIRMEZA..65
Capítulo 8: MAS QUE LIBROS..74
Capítulo 9: CREA CULTURA, NO SOLO CURRICULO.................81
GUÍA ESPECIAL: Cómo crear un día bilingüe con ritmo, cultura y paz......85
Capítulo 10: ERRORES SILENCIOSOS QUE SABOTEAN TU HOMESCHOOL BILINGÜE 90
Capítulo 11: RUTINAS, CAOS y PROPOSITO..................................98
Capítulo 12: PLANIFICA CON PROPOSITO..................................105

Parte III: LEGADO, VISION Y COMUNIDAD 113
Capítulo 13: RAICES Y ALAS 114

Adele Morales

Capítulo 14: HERRAMIENTAS QUE TRANSFORMAN 121
Capítulo 15 ¿Y YO? EL ESPACIO QUE TE MERECES 126
Capítulo 16: UN LEGADO QUE NO SE BORRA 130
Capítulo 17: EL FUTURO NO SE HEREDA: SE CONSTRUYE 135
Capítulo 18: UNA REVOLUCION EN VOZ BAJA 141

Epílogo: YA NO NECESITAS PERMISO 147
MANIFIESTO: DE LA MADRE QUE CRIA ENTRE DOS MUNDOS .. 154
CARTAS DEL CORAZON 157
PREGUNTAS FRECUENTES 161
MINI GUIAS PRACTICAS 165
HISTORIAS REALES 178
AFIRMACIONES Y PROMESAS 184
AGRADECIMIENTOS 187
RECURSOS RECOMENDADOS 194
Biografía de la autora 200

DEDICATORIA

A Dios, que siempre es mi norte.

A mis padres, que me dieron raíces y fe.
A mis hijas, mis mejores maestras, que me recuerdan cada día
que el legado no se escribe con títulos,
se siembra con presencia.

A mi esposo, que creyó en esta visión cuando solo era semilla.

Mención especial a mi mamá, cuyo ejemplo, amor incesante y cuidado
han inspirado este libro.

Y a cada madre que enseña en silencio, que educa entre mundos,
que ha dudado, reído, y vuelto a empezar…
aunque el mundo no lo vea, el cielo sí.

Este libro es para ti, porque tú también fuiste llamada,

y Dios no se equivoca.

Adele Morales

PREFACIO

No elegí escribir este libro. Me eligió a mí.

Yo no me sentía calificada para escribir sobre educación. Tampoco soñé con ser autora. Lo que sí hice fue buscar desesperadamente un libro que entendiera cómo se sentía criar entre dos mundos y ser madre homeschooler. Busqué un libro que hablara mi idioma, literal y emocional, uno que me diera permiso de enseñar con mi fe, mi herencia, mi intuición.

Y cuando no lo encontré, Dios me mostró que no era porque no existiera…sino porque me tocaba escribirlo.

No escribí esto como experta. Lo escribí como testigo. He vivido la tensión entre el inglés y el español, entre la cultura que me formó y la que me rodea, entre el deseo de hacer lo correcto y el miedo de arruinarlo todo.

He educado con recursos que no estaban pensados para familias como la mía. He dudado de mi capacidad porque no me parezco a las maestras de los libros. He cargado expectativas que no fueron diseñadas para mi ritmo, mi cuerpo, ni mi llamado.

Y en medio de todo eso, aprendí algo que me cambió para siempre:

Dios no se equivoca al llamar a una madre para enseñar.

Este libro no es un manual. Es un mapa.

Es un mapa para volver a tu voz, para recuperar la autoridad que la comparación te robó.

Es un mapa para reconstruir tu hogar como un lugar de aprendizaje, fe y pertenencia, y para formar a tus hijos sin tener que sacrificarte en el proceso.

Aquí no encontrarás soluciones instantáneas ni promesas vacías. Encontrarás verdad, herramientas, claridad y, sobre todo, encontrarás compañía.

Adele Morales

No estás sola.

Este libro lo escribí para ti, para que no tengas que traducir tu experiencia para sentirte entendida, para que sepas que sí se puede educar en dos idiomas sin perder el alma en el intento.

Importante: este libro está intencionalmente escrito en un formato diferente al estilo tradicional de ensayo. He elegido una estructura más parecida al lenguaje del mundo digital, con frases cortas, ritmo conversacional, y pausas reflexivas para facilitar la lectura, mantener tu atención y comunicarme contigo tal y como hablo con las madres a quienes sirvo todos los días. Mi meta no es solo informarte, sino también inspirarte y acompañarte en el proceso.

Mi oración es que cada capítulo te devuelva un pedazo de tu confianza, que cada página te recuerde tu propósito, y que cuando lo termines, no digas "ya lo leí", sino:

"Ya me acordé de quién soy."

Aquí estás segura. Aquí se honra tu llamado. Y aquí, juntas, encendemos una llama que no se apagará.

✉️ A quien educa entre mundos

Esta es la carta que nadie te escribió... hasta ahora.

Querida tú,

La que enseña desde la sala, la que traduce en su cabeza antes de leer en voz alta, la que guarda las dudas entre la ropa sucia y la cena, la que ama fuerte, pero carga suave para que nadie se dé cuenta de lo pesado que es esto.

Quiero que sepas algo antes de empezar este libro: **yo te veo.** Y más importante aún… **Dios también te ve.**

No estás leyendo esto por casualidad. Naciste para esto. Estás aquí porque algo dentro de ti, aunque estés cansada, aunque tengas miedo, se resiste a seguir fingiendo que todo está bien mientras te apagas por dentro.

Tal vez tú también has buscado recursos que te entiendan. Has intentado seguir consejos que no aplican a tu vida. Has leído frases motivadoras que no resuelven el caos de tu cocina ni el silencio en la mirada de tu hijo.

Y en medio de todo eso, te has preguntado en secreto:

Adele Morales

"¿Será que yo no estoy hecha para esto?"
"¿Será que estoy fallando?"
"¿Y si mis hijos terminan odiando este camino?"

Pero lo que nadie te dijo es que **las preguntas también son parte del llamado,** que las dudas no te descalifican, te humanizan. Y que no debes tenerlo todo resuelto para caminar con propósito.

Porque tú no eres una madre ordinaria. Tú estás educando entre mundos.

Estás formando sin manual, entre dos culturas y dos idiomas

Y eso no solo es difícil…es profundamente sagrado.

Estás criando con una historia que muchas veces tu entorno no entiende. Estás tomando decisiones que no tienen precedentes en tu familia, dejando un legado. Estás construyendo un puente con tus propias manos para que tus hijos puedan pasar sin tener que dejar partes de sí en el camino.

Y yo sé que a veces te preguntas si vale la pena, si el esfuerzo de enseñar en dos idiomas, con fe, sin rendirte a la comparación…realmente está dando fruto.

Déjame decírtelo con toda claridad: **sí lo está dando.** El fruto a veces crece en silencio, pero nunca deja de crecer cuando se riega con intención.

Este libro es un espejo, un mapa y una mano extendida

Aquí no encontrarás recetas mágicas, pero si claridad, consuelo y convicción. Vas a encontrar palabras que entienden tu acento, ejemplos que no te hacen sentir menos, y estrategias que no presuponen que tu hogar es perfecto, tu horario está definido o tu nivel de español o inglés es avanzado.

Aquí no vas a encontrar perfección, pero sí verdad, sí propósito.

En nuestra comunidad nadie espera que seas maestra, solo que seas real. Y que estés dispuesta a recuperar tu voz... esa que el ruido del mundo ha intentado silenciar.

Si te sientes sola... bienvenida a casa

Si tienes miedo... hay espacio para ti también. Y si estás lista para enseñar con raíces firmes y alas grandes, aquí vas a encontrar dirección.

No porque yo tenga todas las respuestas, sino porque yo también caminé este camino, y lo sigo caminando.

Así que abre este libro con esperanza, con expectativa pero, sobre todo, con permiso de **hacerlo a tu manera.**

Adele Morales

Porque sí, mamá: **tú fuiste llamada.** Y este viaje no lo harás sola.

Nos vemos dentro.

Con amor y verdad,
Adele

Parte I:

EL LLAMADO Y TU IDENTIDAD

Capítulo 1

NACIDA PARA EDUCAR

Recuerdo la primera vez que una amiga me dijo: "Tú deberías ser maestra".

Me reí.

Yo no tenía un título de pedagogía. No sabía hacer lecciones con laminillas ni tenía una voz dulce como las maestras de preescolar. Solo sabía una cosa: que algo en mí se despertaba cada vez que una de mis hijas me hacía una pregunta con los ojos bien abiertos. Y no por la respuesta en sí... sino por el privilegio de guiar su descubrimiento.

Pasaron años antes de que aceptara que sí, había nacido para enseñar. Aunque nadie me lo había dicho con palabras.

Dios ya lo había sembrado en mi diseño, y en el tuyo también.

Lo que llevas dentro no es una idea romántica. Es un llamado.

No todas las mujeres que educan en casa lo planearon.

Algunas llegaron aquí por convicción.
Otras por frustración.

Otras, como tal vez tú, llegaron con miedo, con dudas, casi por accidente...pero con algo dentro que no las dejaba irse.

Adele Morales

Y eso que no te deja irte... no es una moda.
Es un llamado.

No estás sola. Estás respondiendo a un movimiento silencioso pero creciente

De hecho, en Estados Unidos, ya más de 687,00 estudiantes hispanos están siendo educados en casa, una cifra que ha crecido notablemente en la última década. (Fuente: National Home Education Research Institute, 2023).

Lo sabías antes de que te lo cuestionaran

Hay una parte de ti que lo sabía.
Antes de que te dieran un currículo.
Antes de que leyeras un libro de homeschooling.
Antes de que tu suegra opinara.
Sentiste la urgencia de cuidar, de guiar, de enseñar con propósito.

Y luego, vino el ruido.
Las comparaciones.
Las dudas.
Los estándares ajenos que te hicieron pensar que tú no eras suficiente.

Pero no fue en la decisión donde empezó tu historia.
Fue en ese momento, ese momento exacto,
en que comenzaste a preguntarte si tenías permiso para enseñar.

Lo que se perdió en el camino

Ninguna de nosotras nace sintiéndose incompetente.
Eso se aprende.
Y muchas veces lo aprendimos de pequeñas.

Nos enseñaron a escuchar, no a liderar, a obedecer, no a cuestionar.
A seguir instrucciones, no a confiar en nuestra intuición.
Y sin darnos cuenta, crecimos pensando que solo ciertas personas podían enseñar.
Las que tienen título. Las que hablan "bonito".
Las que no se equivocan.

Nosotras no. Nosotras éramos las que aprendían. Las que repetían. Las que no hacían ruido.

Hasta que Dios nos entregó hijos… y ese llamado que nunca pedimos, pero que tampoco podemos negar - **se encendió**.

El instinto que no te enseñaron a confiar

Desde que eras niña, sentías cosas que no sabías explicar:

- Que lo que aprendías no era todo lo que necesitabas.

- Que tus preguntas no encajaban en los exámenes.

- Que había una forma distinta de enseñar, de hablar, de guiar…
  aunque nadie te la mostró.

Y ahora, años después, te encuentras educando sin manual, sin permiso oficial…pero con un fuego que no se apaga.

Adele Morales

Ese fuego no lo inventaste tú. Fue sembrado.

No estás improvisando. Estás despertando.

Tal vez llevas poco tiempo haciendo homeschool.
Tal vez ya lo haces, pero te sientes perdida.
Tal vez ni siquiera sabes si esto es para ti.

Pero si estás aquí, leyendo esto, no es coincidencia.
Es una interrupción divina.

Porque, aunque el sistema no te lo haya dicho…
tú fuiste nacida para formar, para educar.
No por tus títulos.
No por tu paciencia.
No por tu conocimiento académico.

Sino porque **tu historia, tu fe, tu idioma y tu amor** te prepararon para esto mucho antes de que tú lo supieras.

La mentira más grande

"Yo no tengo o sé lo necesario para educar bien."

Mentira.

Muchas mujeres hemos estado enseñando por años sin darnos cuenta. Y hoy es el día de recuperar esa verdad.

Domina el homeschool bilingue

Tú estás formando a alguien que será llamado para cosas grandes. Y aunque no te lo dijeron, aunque no recibiste un diploma ni te dieron un escritorio, naciste para esto.

Si miras más de cerca, descubrirás que llevas años siendo maestra:

- Cuando les mostraste a tus hijos a orar antes de dormir.
- Cuando convertiste una receta en una clase de fracciones.
- Cuando le explicaste a tu hija por qué hay que perdonar, aunque duela.
- Cuando transformaste una pelea entre hermanos en una lección sobre el carácter

La verdad es que **sí tienes lo necesario.** Pero probablemente estás usando estándares ajenos para evaluar tu capacidad.

- Estás midiendo tu enseñanza con métricas escolares.
- Estás dudando de tu voz porque no suena como la del sistema.
- Estás esperando sentirte "lista" ... cuando lo que necesitas es empezar a creer que ya fuiste equipada.

No se trata de un currículo. Se trata de tu voz, tu guía, tu presencia.

Empieza a mirar cada momento del día como una oportunidad educativa. No tienes que crear una clase. Solo estar presente con intención.

Adele Morales

📖 *Proverbios 31:26* dice: "Abre su boca con sabiduría, y la ley de clemencia está en su lengua."

En otras palabras: lo que dices (y cómo lo dices) enseña más de lo que imaginas.

No naciste sabiendo. Naciste llamada. Y lo demás se aprende caminando.

¿Y si el problema no era tu capacidad, sino el sistema que formó tu criterio?

Vamos a decirlo con honestidad:
El sistema educativo tradicional fue diseñado para producir obediencia, no empoderamiento.
Y tú, madre bilingüe, mujer puente entre culturas, estás tratando de construir algo eterno con herramientas que nunca fueron diseñadas para ti.

Te formaron para dudar.
Te dijeron que el español "no servía aquí".
Te aplaudieron cuando sonabas menos como tus raíces.
Te entrenaron para callarte, primero por respeto, luego por miedo.

Y sin embargo… aquí estás.
Enseñando.

Guiando.
Luchando por recuperar lo que te pertenece.
Eso es poder.

El verdadero llamado no necesita permiso

Tú no estás educando en casa porque es la moda.
Estás respondiendo a una voz que se oye más fuerte que la opinión ajena.
Estás levantando una generación que sabrá de dónde viene.
Que no tendrá que traducirse para ser escuchada.

Y tú, aunque no lo creas, fuiste equipada para esto.

No porque lo sepas todo.
Sino porque estás dispuesta a mostrar el camino mientras lo caminas.

Eso no te hace menos maestra.
Te hace peligrosamente poderosa en un mundo que quiere madres distraídas, no discipuladoras.

Lo que tu mente cuestiona, tu espíritu ya lo confirma

No necesitas más validación externa. Ya fuiste elegida.
Lo que necesitas es recordar…

Recordar que enseñar no es recitar.
Es revelar.
Es acompañar.

Adele Morales

Es formar almas que no solo pasen exámenes, sino que entiendan su propósito.

Y nadie puede hacer eso como tú.
Porque tú conoces el corazón de tus hijos.
Tú conoces la historia que estás tratando de preservar.
Tú sabes lo que se perdería si no dieras este paso.

Enseñar es un acto profético

Cada vez que eliges hablar en español,
cada vez que lees la Palabra en voz alta,
cada vez que corriges con gracia en vez de gritos...
estás diciendo:

"Mi voz importa. Mi cultura es riqueza. Mi hogar tiene propósito."

Y eso, aunque no se vea en una libreta de calificaciones, es lo que transforma generaciones.

Activa tu visión:

Hoy, escribe una lista de 5 cosas que solo tú puedes enseñarles a tus hijos. (No temas: no tienen que ser académicas).

Ejemplo:
– Cómo orar en voz alta
– Cómo hablar con respeto, aunque estés cansada
– Cómo contar tu historia en dos idiomas

– Cómo pedir perdón sin vergüenza
– Cómo defender la verdad con compasión

Repite esta lista mañana en voz alta. Frente al espejo si puedes. Hazlo todos los días por una semana. Recuerda que lo eterno, tu legado, se esconde en lo cotidiano.

Tu autoridad comienza con lo que tú crees sobre ti misma.

No te falta preparación. Te falta memoria.

Memoria de quién eres.
De lo que Dios ya puso en ti.
De la autoridad que no viene del currículo, sino del llamado.

Estás aquí porque fuiste escogida.
No por perfecta. Sino por disponible.
Y eso, mamá... es más que suficiente.

Este no es un libro sobre métodos.
Es un despertar.
Y hoy fue solo la primera sacudida.

Si entiendes que fuiste nacida para esto...
el resto del camino deja de asustarte.
Y empieza a empoderarte.

Subraya lo que tu alma necesitaba leer hoy.
No lo sueltes.
Regrésalo a tu memoria mañana.

Adele Morales

Y ahora, por favor…

Reclama lo que ya es tuyo.

Haz de este día el primero de tu revolución silenciosa.

Capítulo 2

¿Y SI EL PROBLEMA NO ERES TU?

Adele Morales

Liberarte comienza cuando cambias la pregunta

Voy a comenzar con algo que tal vez nadie se ha atrevido a decirte con esta claridad:

Tú no estás fallando.

Estás luchando contra expectativas que nunca fueron diseñadas para ti. Y esa batalla es agotadora.

Has intentado organizarte mejor.
Has comprado planificadores, escuchado podcasts, cambiado currículos. Pero hay un momento en que te preguntas, en silencio, si el problema…eres tú.

Lo que te repites en voz baja

"Tal vez no soy buena para esto."

"Mis hijos se merecen algo mejor."

"Yo no tuve una mamá que hiciera esto, ¿cómo voy a saber hacerlo yo?"
"¿Y si estoy arruinando su educación?"

No lo dices en voz alta.
Pero lo piensas.
Y cuando lo piensas, te desconectas de tu autoridad.
Empiezas a tomar decisiones desde la inseguridad…
y no desde tu diseño.

"Siento que esto no me está funcionando."

Esa frase la escucho con frecuencia. Y detrás de ella hay una historia completa:

– Una madre que quiere hacerlo bien... pero ya no sabe qué más probar.

– Una mujer que no reconoce su reflejo porque todo su tiempo lo invierte enseñando, sirviendo, resolviendo.

– Una educadora que no se siente digna de ese título porque no estudió pedagogía.

– Una hija que fue criada para complacer, no para liderar.

Y en algún punto, todo eso se junta en el alma y explota en forma de culpa.

¿Y si el problema no está en tu capacidad, sino en la raíz invisible de cómo estás intentando hacer esto?

La mayoría de las madres homeschoolers bilingües no están fallando por falta de amor, inteligencia o disciplina.

Están fallando porque:

- Están imitando modelos que no se alinean con su realidad.
- Están planificando desde el perfeccionismo, no desde la paz.
- Están operando en modo sobrevivencia, no en diseño.

Adele Morales

- Están ignorando su necesidad de sostén emocional, cultural y espiritual.

- Están tratando de validar su capacidad de enseñar en un sistema que las entrenó para obedecer, no para liderar.

¿Te das cuenta?

No eres tú. Es la forma en que te estás midiendo.

Un día típico… y una narrativa interna

Mira este ejemplo:

Te levantas tarde porque estuviste despierta con el bebé.
Preparas desayuno apurada mientras intentas no gritar.
Abres el cuaderno de ciencias, pero tu hijo no quiere escribir.
La hija mayor pregunta por qué tienen que hacer esto en español. El teléfono suena. El lavaplatos está lleno.
Terminas el día exhausta, pensando: *"No hice nada bien."*

¿De veras?

Te falta ver lo que sí lograste.

Alimentaste,
corregiste,
enseñaste,
oraste en tu mente mil veces,
intentaste otra vez…

pero como el día no se pareció a un post de Instagram, lo marcas como fracaso.

Eso no es realidad.
Eso es una narrativa deformada.

¿Por qué sigues usando reglas que nunca te beneficiaron?

Si creciste en un sistema educativo tradicional:

- donde hablar español era corregido, no celebrado...

- donde preguntar era visto como falta de respeto...

- donde nadie modeló cómo enseñar con ternura y firmeza a la vez...

Entonces es lógico que hoy sientas que enseñar en casa es como caminar con zapatos prestados.

Y si además lo estás haciendo entre dos culturas, en un idioma que aún estás reconciliando contigo misma, y sin una comunidad que te entienda...lo que estás cargando no es falta de capacidad. Es un sistema de creencias que no te permite ver lo capaz que eres.

El problema no es que tus hijos no se concentren.
Es que tú estás agotada emocionalmente.
Y eso no se soluciona con otro horario,
sino con un nuevo marco interno desde el cual enseñar.

Adele Morales

¿Qué cambiaría si empezaras a planificar desde la verdad, y no desde culpa?

Imagina que, en lugar de medir tu éxito por si terminaste todas las hojas del día, lo midieras por este criterio:

- ¿Reíste con tus hijos hoy?
- ¿Te diste permiso de ajustar algo sin culparte?
- ¿Pudiste hablar en español o inglés sin autocorregirte constantemente?
- ¿Oraste antes de resolver?
- ¿Fuiste suave contigo misma?

Porque tú también cuentas. Tú también necesitas cuidado. Tú también estás en formación.

El verdadero cambio no empieza cuando dominas el currículo.

Empieza cuando dejas de pensar que necesitas el currículo para validarte.

Lo que va a transformar tu homeschool no es una mejor agenda. Es una visión más compasiva y clara de ti misma como madre y maestra. Y esa visión solo puede venir del cielo.

Si hoy te sientes frustrada, no te ajustes más.

Despierta...
Despierta de las voces que te dicen que solo eres suficiente si logras todo.
Despierta del modelo que nunca te representó.
Despierta del miedo a hacerlo mal.
Despierta de la necesidad de pedir permiso para enseñar a los hijos que Dios te confió.

Este capítulo no es para corregirte.
Es para devolverte tu libertad.

La libertad de planificar con gracia.
De enseñar con gozo.
De equivocarte sin rendirte.
De hablar en tu idioma, desde tu historia, con tu estilo.

Porque, querida mamá:
tú no eres el problema.

Tú eres la respuesta.

Y esa verdad... lo cambia todo.

Capítulo 3

¿POR QUE BILINGÜE Y NO SOLO INGLES?

Criar con dos lenguas es más que una decisión educativa. Es una declaración de identidad.

El inglés es dominante.

En las noticias.
En los supermercados.
En la escuela dominical.
En la boca de tus hijos, incluso cuando no se lo enseñaste formalmente.

Y un día, casi sin darte cuenta, te das cuenta de que están dejando de hablar español.
Lo entienden. Lo toleran. Pero no lo eligen.

Y tú, que te prometiste que eso no pasaría, te quedas con un nudo en la garganta y una pregunta que arde:

"¿Y si solo enseño en inglés?
¿No sería más fácil para ellos… y para mí?"

Lo que nadie dice en voz alta

Muchas madres hispanas en EE.UU. viven con la culpa silenciosa de estar perdiendo el idioma.
Pero no es solo el idioma lo que se pierde.

Es la conexión con los abuelos.
Es el sabor de la oración que no necesita traducción.
Es la forma en que una palabra puede contener historia, emoción y pertenencia.
Es el recuerdo de la infancia que no cabe en inglés.
Y al ver eso desdibujarse… algo dentro de ti se rompe.

Adele Morales

La razón por la que muchas se rinden no es por falta de convicción.

Es por falta de estrategia.

El bilingüismo en casa no es natural en un entorno que lo sabotea constantemente:

- Las plataformas educativas están en inglés.

- Los materiales escolares están en inglés.

- Las películas, los juegos, las canciones, las conversaciones fuera de casa... todas en inglés.

- Y tú, cansada, a veces eliges la ruta más sencilla... aunque no sea la que refleja tu legado.

Y es ahí donde entra esta verdad incómoda:
no basta con querer criar bilingüe. Hay que decidirlo, sostenerlo y diseñarlo.

¿Por qué no solo inglés?

Porque tus hijos no son solo producto del país donde viven.
Son fruto de tu historia. De tus oraciones. De tus padres.
De una cultura que no necesita justificación para ser celebrada.

Criar en dos idiomas no es un capricho.
Es una estrategia generacional.

Cuando eliges enseñar en español no estás estancando su futuro.
Estás ampliándolo.

Estás sembrando una raíz que los va a sostener cuando el mundo les quiera decir quién deben ser.
Estás dándoles herramientas para vivir entre mundos con dignidad, no con confusión.

El costo del silencio

No enseñarles español no los hace menos capaces.
Pero sí los hace más vulnerables a la asimilación forzada.

El costo del silencio no es inmediato.
Pero se paga caro en la adultez:

- Cuando no pueden comunicarse con su abuela.

- Cuando no pueden orar en su idioma materno.

- Cuando sienten vergüenza de sus raíces.

- Cuando necesitan traducirse para pertenecer.

Y tú no estás criando para que encajen.
Estás criando para que se conozcan, se defiendan, se levanten.

¿Y el futuro?

El futuro pertenece a los que entienden y se mueven entre culturas. Y no solo desde el idioma, sino desde la empatía y la identidad segura.

Adele Morales

Tus hijos no solo aprenderán a hablar con más personas.
Aprenderán a ver el mundo desde dos lentes.
A resolver problemas desde dos estructuras.
A vivir con sensibilidad y autoridad.

Y eso, mamá…
no se enseña en ningún currículo.
Se siembra en casa.

No te rindas porque es difícil.

Reafírmate porque es tu legado.

Nadie te exige hacerlo perfecto.
Pero si tú no lo enseñas, ¿quién lo hará?

No es el maestro.
No es el sistema.
No es YouTube Kids.

Eres tú.

Tu voz.
Tu canción.
Tu forma de hablar.
Tu decisión de no callar lo que Dios puso en tu historia como bendición.

No crías en dos idiomas por obligación.
Lo haces por visión.
Lo haces porque sabes que ser bilingüe no es hablar más.

Es pertenecer más profundamente.

Así que sigue sembrando.
Aunque te respondan en inglés.
Aunque no veas frutos inmediatos.
Aunque nadie lo entienda.

Un día, tus hijos te van a agradecer que no cediste a la comodidad.

Y cuando abran la boca y hablen desde su herencia, vas a saber que esta decisión…fue una semilla eterna.

Adele Morales

Capítulo 4

CRIANDO ENTRE DOS MUNDOS

Una vez, en una reunión de co-op, escuché a una madre decir: "A veces siento que no encajo ni aquí ni allá". Se refería a su vida como latina en Estados Unidos. Sus hijos hablaban inglés en la calle y español en casa... o al menos lo intentaban. Su comida era arroz con habichuelas, pero su rutina escolar estaba llena de libros en inglés.

Me identifiqué de inmediato. Ser madre bicultural es como caminar por un puente colgante entre dos montañas. A veces sentimos que si nos inclinamos mucho hacia un lado, perderemos el equilibrio. ¿Cómo criar hijos que abracen sus raíces sin rechazar sus alas? ¿Cómo seguir hablando el idioma de nuestras abuelas mientras enseñamos álgebra en inglés?

Mi respuesta: con valentía... y con gracia.

No se trata de escoger entre tortillas o mac and cheese. Se trata de enseñarles que ambos sabores caben en una misma mesa, que no tienen que esconder sus oraciones en español, ni disculparse por su acento. Se trata de mostrarles que ser de "entre-mundos" no es una debilidad, es un diseño divino.

Cómo sostener identidad cuando vives entre fronteras invisibles

Ser mamá ya es desafiante.
Ser mamá homeschooler... aún más.
Pero ser una madre homeschooler bilingüe,
que cría entre culturas, idiomas, expectativas y contradicciones internas...eso es otra categoría. Es una guerra silenciosa.

Porque no solo enseñas.
Traduces.

Adele Morales

Adaptas.
Filtras.
Sostienes.
Y todo al mismo tiempo.

No es solo que hablas dos idiomas.
Es que piensas en dos culturas.
Sientes en dos tiempos.
Vives entre dos mundos, y ninguno se ajusta por completo a lo que eres.

Y sin embargo, te piden que elijas.
Que te definas.
Que enseñes "como se hace aquí", pero sin perder lo "de allá".
Que formes hijos que encajen, pero que no olviden de dónde vienen.
Que no hagan "spanglish", pero que dominen ambos idiomas perfectamente.

Y tú te preguntas —en silencio, muchas veces llorando—:

"¿Cómo puedo criar y enseñar con estabilidad…
cuando lo que soy está en constante negociación?"

La verdad que nadie dice: criar entre dos mundos no es mezcla. Es tensión.

Vives en un país que te exige avanzar, producir, dominar el inglés, mientras tu alma extraña abrazos, canciones y acentos que no caben en el sistema.

Estás enseñando ciencias en inglés, pero cocinando arroz con habichuelas mientras bailas merengue.

Tus hijos ven la historia oficial en sus libros, pero tú sabes otra, la que se cuenta en la mesa, en los refranes, en los silencios de tu mamá.

Y entre ambas realidades...estás tú.

Preguntándote si lo estás haciendo bien.
Si vas a dañar algo.
Si vale la pena tanto esfuerzo para preservar un idioma... cuando el mundo parece funcionar solo en uno.

Es levantarte cada día y sentirte en medio.
Es amar una cultura y extrañar otra.
Es mirar a tus hijos y preguntarte si los estás guiando... o desorientando.

Y no es porque no sepas amar.
Es porque estás criando donde no hay un modelo claro.

Tus padres lo hicieron desde la cultura original.
Tus vecinos lo hacen desde la nueva.
Tú lo estás haciendo desde un puente que aún estás construyendo...con tus manos, tu voz y tu fe.

Tú no eres una excepción.
Eres parte de una revolución silenciosa, una generación de madres hispanas que están redefiniendo la educación en casa, una decisión, una oración y un día a la vez.

De hecho, más del 15% de los estudiantes que hacen homeschool en E.E.U.U. son hispanos, según datos recientes – una cifra que muestra que madres como tú no solo existen, sino que son una presencia creciente e influyente en este movimiento. (Mastermind Behavior Services, abril 2025)

Adele Morales

Lo que callas pesa más que lo que enseñas

A veces dices que estás bien, pero por dentro estás cargando:

- El temor de que tus hijos pierdan el español.

- La tristeza de que no entienden el valor de tus raíces.

- La vergüenza cuando tus propias palabras suenan "forzadas".

- La duda de si estás dando demasiada importancia a una herencia que ellos no pidieron.

- El dolor de no poder transmitir todo lo que tú viviste... porque este país, esta vida, este idioma... no tiene espacio para eso.

Y entonces, por dentro, te haces pequeña.
Callas.
Te ajustas.
Y enseñas desde la inseguridad, no desde la convicción.

La herencia dividida y el peso invisible

Criar entre dos mundos significa:

- Traducir emociones que no caben en palabras exactas

- Defender una cultura que a veces tú misma estás sanando

- Enseñar un idioma que tú no aprendiste con alegría... sino con vergüenza

- Escoger cada día qué parte de ti dejarás fuera para que tus hijos quepan en ambos lados

Y aunque parezca que lo estás logrando,
hay días en que tú también te sientes perdida entre códigos.

¿Y si tú misma fuiste criada con silencios?

No estás equivocada por sentir lo que sientes.
Solo estás despertando a la verdad que nadie te explicó.

Muchas de nosotras no tuvimos modelos bilingües de crianza.
Tuvimos modelos de sobrevivencia.
Donde el idioma materno se hablaba en susurros fuera de la escuela.
Donde la cultura se celebraba en diciembre, pero se escondía en la entrevista de trabajo.
Donde lo latino se mantenía en casa... y se desactivaba en público.

Y ahora, tú estás intentando algo que nadie te enseñó:
integrar,
unificar
sanar lo fragmentado,
criar sin borrar.

Pero aquí va una verdad que quiero que leas dos veces:

Adele Morales

Tú no estás dividida. Estás tejida.

Eres una sola mujer, hecha de muchas capas.
Y tus hijos no necesitan una versión "pura" de ninguna cultura.
Necesitan una madre que les modele cómo vivir con integridad entre múltiples realidades.

Criar entre mundos no te resta.
Te hace más rica.
Más profunda.
Más capaz de ver, traducir, guiar y discernir.

Sentirte dividida no es señal de debilidad.
Es señal de que estás creando y cargando un puente.

Y los puentes… no son cómodos.
Son tensos.
Son vitales.
Son lo que conecta lo que parecía imposible de unir.

Tú no estás fallando, mamá.
Estás cargando un diseño que otros no entienden porque no les tocó vivirlo.

No estás criando a la antigua. Estás discipulando para lo eterno.

Este no es solo un acto educativo.
Es espiritual.

Es cultural.
Es estratégico.

Porque cuando enseñas a tus hijos a leer en español,
también les estás enseñando a no avergonzarse de sus raíces.

Cuando les hablas de Dios en tu idioma materno,
les estás recordando que la fe no tiene frontera lingüística.

Cuando haces espacio para tu historia familiar,
estás modelando que su valor no viene de validarse en un idioma ajeno, sino de recordar quiénes son y a quién pertenecen.

¿Y si dejaras de tratar de encajar en ambos mundos…y empezaras a formar uno nuevo?

No tienes que elegir entre ser eficiente o ser fiel a tu historia. No tienes que decidir entre formar en inglés o preservar el español. No tienes que esconder tu fe para que tu educación parezca válida.

Tu llamado es más grande que las categorías impuestas.
Tu misión es crear algo que aún no existe:
Un hogar que respire verdad en dos idiomas, donde la cultura no sea una competencia, sino un legado.

Entonces… ¿cómo se cría entre mundos sin romperse por dentro?

Aquí no hay fórmula.
Pero sí hay dirección:

Adele Morales

1. Honra tu historia sin imponerla

Háblales de tu infancia, de tus luchas, de las comidas que te recuerdan a tu abuela, de cómo llegaste hasta aquí.
Permite que vean el mundo a través de tus ojos.
Cuando tus hijos conocen tu historia, también entienden la suya.

No trates de recrear exactamente lo que viviste.
Dales lo esencial:
 los valores,
el sabor,
la fe,
la dignidad.
Y deja que ellos hagan su versión... sobre una base firme.

2. No traduzcas todo. Traduce lo que conecta.

Algunas cosas se explican.
Otras se viven.
Permítete crear momentos donde el español, el silencio o una tradición familiar... hablen por sí solos.

3. Cambia la meta: no es "preservar" la cultura. Es vivirla.

La cultura no se hereda por obligación.
Se contagia por presencia, gozo y práctica cotidiana.
Y eso empieza contigo.

Cocina con acento.
Enseña con sazón.
Baila con ellos en la cocina.
Hazlo parte del aprendizaje.

Enséñales que su mamá también es una mujer con sueños.

Estás formando identidad, no solo idioma
Cuando tú decides cocinar con sazón,
hablar con tu acento,
orar con tus propias palabras...

no estás siendo menos "moderna".
Estás siendo **valiente.**

Porque hoy, criar entre mundos es un acto de resistencia silenciosa.

Y tú, querida mamá, eres parte de una revolución suave pero firme:
la de madres que se niegan a perder lo que hace su hogar distinto...solo para encajar.

Activa tu visión
Tómate cinco minutos hoy para responder con honestidad:

1. ¿Qué parte de mi cultura quiero que mis hijos recuerden para siempre?

2. ¿Qué frase de mi infancia quiero que ellos también repitan algún día?

3. ¿Qué he estado omitiendo —por comodidad o por miedo— que necesita regresar a nuestra rutina?

4. ¿En qué parte de mi historia aún necesito sanarme... para poder enseñar sin vergüenza?

Adele Morales

Escríbelas. No como tarea, sino como mapa.

Porque criar entre dos mundos no se trata solo de sobrevivir.
Se trata de reconciliar.
Integrar.
Sanar.
Construir.

No estás confundida.
Estás despertando.

No estás dividida.
Estás uniendo lo que el sistema separó.

No estás sola.
Eres parte de una generación nueva:
madres que enseñan con la Palabra en la mano y la cultura en el corazón.

Madres que no huyen de sus raíces, ni idealizan su dolor…
sino que transforman ambas cosas en puente.

No te preocupes si tu hijo a veces responde en inglés.
No te rindas si tu hija no quiere rezar en español.

No te culpes si no sabes cómo explicar lo que tú misma estás aprendiendo a vivir.

Tú no estás enseñando entre dos mundos.

Estás formando uno nuevo.
Un mundo donde el idioma no se pierde,
la fe no se calla,
y la identidad no se esconde.

Estás criando en territorio sagrado.
Y aunque no haya mapa claro, hay dirección.
Y esa dirección es tu historia, tu fe, tu intuición.

Porque criar entre dos mundos no es una desventaja...

Criar entre dos mundos es tu superpoder.

Y tus hijos —aunque no lo vean ahora—
un día entenderán que vivir entre culturas...
fue el mayor regalo que les diste.

Capítulo 5

MODELOS BILINGUES QUE FUNCIONAN

Una de las preguntas que más recibo de madres bilingües es esta: "¿Tengo que enseñarlo todo en dos idiomas?"

Y mi respuesta es siempre la misma. No tienes que enseñarlo TODO en dos idiomas, pero sí necesitas tener claridad. La confusión no solo te abruma a ... también confunde a tus hijos.

Criar de manera bilingüe no significa hacerlo todo al 50%, significa usar tu voz con intención.

Escoge el camino que se alinea con tu visión, no con presión

Uno de los errores más comunes que cometen las madres al intentar criar bilingüe es pensar que existe un solo modelo correcto.

Un único enfoque.
Un "método oficial".
Una fórmula que, si la sigues paso a paso, garantizará fluidez, lectura, escritura y conexión cultural perfecta.

Pero eso no existe. Y si existiera…
probablemente no estaría diseñado para ti.

Lo que funciona es lo que se adapta a tu hogar, no lo que impresiona en redes

Hay demasiadas voces diciéndote qué debes hacer para que tus hijos sean verdaderamente bilingües.

Adele Morales

Pero antes de hablar de modelos, tienes que hacerte una sola pregunta:

¿Por qué quiero criar en dos idiomas?

No por presión.
No por "hacerlo bien".
Sino por el propósito.

Porque cuando entiendes tu "por qué", puedes ajustar el "cómo" sin culpa.

4 modelos que sí funcionan (cuando se aplican con intención)

A continuación, te muestro cuatro enfoques comunes, adaptados a la realidad de muchas familias como la tuya. No están aquí para limitarte. Están aquí para darte dirección.

1. OPOL – One Parent One Language (Un padre, un idioma)

En este modelo, cada padre le habla al niño el idioma de su procedencia o al cual esté acostumbrado, constante y consistentemente.

📌 **Ideal para:** familias donde cada adulto domina con confianza un idioma diferente.

☐ **Ventajas:**

- Clara diferenciación de idiomas.
- Menos confusión inicial para el niño.
- Exposición constante a ambos idiomas con contexto emocional.

● **Riesgos:**

- Si uno de los padres está ausente o no tiene tanto vínculo, el idioma puede perderse.
- Requiere constancia y acuerdos claros (¡y mucha paciencia cuando no fluye!).

✅ *Recomendación:* Este modelo es poderoso, pero poco realista para muchas familias latinas donde uno o ambos padres dominan el mismo idioma.

2. Time & Place (Idioma según tiempo o lugar)

La familia escoge determinados momentos o lugares específicos para establecer la comunicación. Ejemplo: español en casa, inglés fuera del hogar. Este modelo funciona bien si ya hay exposiciones claras a uno de los idiomas en actividades externas (iglesia, co-op, deportes). Ayuda a crear consistencia sin saturarte.

📌 **Ideal para:** familias que prefieren tener secciones del día o espacios dedicados a cada idioma.

☐ **Ventajas:**

- Estructura clara sin forzar.
- Permite ajustar según la temporada, humor y nivel.
- Se puede adaptar a materias específicas (ej: matemáticas en inglés, historia en español).

● **Riesgos:**

- Requiere consistencia para no confundir a los hijos.
- Puede sentirse forzado si no está integrado emocionalmente.

✅ *Recomendación:* Asigna bloques suaves (como "mañanas en español"), y celebra rituales familiares que mantengan el idioma vivo.

3. Language-Rich Environment (Ambiente bilingüe sin reglas rígidas)

Ejemplo: Usar el idioma que fluye en el lugar donde se encuentren, permitiendo flexibilidad de uso en el idioma minoritario.

✒ **Ideal para:** familias flexibles, creativas, con hijos en edad preescolar o en transición.

☐ **Ventajas:**

- Reduce la presión y hace del idioma una experiencia emocional positiva.

- Se basa en el uso natural y repetitivo del idioma en actividades reales.

● **Riesgos:**

- Sin una visión clara, el español puede quedar en segundo plano.

- Puede que se necesite reforzar con materiales más adelante.

✓ *Recomendación:* Llena tu hogar de señales del idioma: etiquetas, cuentos, canciones, oración en voz alta, y conversaciones reales sin corregir constantemente.

4. Translanguaging consciente (Uso combinado con intención)

✈ **Ideal para:** familias biculturales o con hijos que ya mezclan ambos idiomas.

☐ **Ventajas:**

- Respeta la realidad de cómo se comunican tus hijos.

- Reduce la vergüenza del spanglish.

Adele Morales

- Aprovecha momentos reales para fortalecer vocabulario y comprensión en ambos idiomas.

● **Riesgos:**

- Requiere guía y visión clara para que no se convierta en "una mezcla sin fundamento".

- Puede incomodar a educadores más tradicionales.

✓ *Recomendación:* Permite la mezcla, pero con estructura: "Ahora vamos a contar esto en español", "¿cómo se dice eso en inglés?", "leámoslo primero en un idioma y luego en el otro."

Entonces… ¿cuál es el mejor?

El que puedas sostener con gozo.
El que se adapta a tu energía, tu contexto y tu llamado.

Lo importante no es la pureza del modelo, sino la presencia con la que lo vives.

Un niño puede aprender idiomas en cualquier parte.
Pero aprender a amar quién es, de dónde viene y cómo Dios lo formó…
eso solo lo aprende contigo.

Siéntete libre de ajustar, reinventar, rediseñar

Tú no estás aquí para impresionar a un comité invisible de madres perfectas.

Estás aquí para guiar corazones con raíz y alas.
Y si eso significa usar cuentos bilingües un día, y solo hablar en español durante la cena... entonces eso es suficiente.

No te obsesiones con la metodología.
Sujétate a tu misión.

La consistencia vendrá,
la fluidez crecerá,
y la identidad florecerá...

cuando dejes de buscar el modelo ideal,
y empieces a construir tu modelo familiar.

Activa tu visión

Elige uno de estos modelos y pruébalo durante un mes. Haz ajustes, observa, registra lo que fluye. Luego decide si lo mantienes o lo adaptas.

Adele Morales

Capítulo 6

LA ESCUELA QUE EMPEZO EN MI SALA...

La primera vez que dije "voy a educar en casa" no lo dije con valentía. Lo dije con miedo.

No lo anuncié como un plan.
Lo susurré como una confesión.

Y no fue porque tuviera todo listo.
Fue porque algo dentro de mí ya no podía seguir ignorando el vacío.

No fue una decisión académica. Fue un clamor interno.

Lo que me llevó al homeschool no fue un deseo de control.
Fue un deseo de conexión.

Mi hija me estaba mirando con ojos llenos de preguntas que el sistema no podía responder. Estaba pasando por circunstancias que son innecesarias.

Y yo, aunque no tenía todas las respuestas, supe que era mi turno de hacer algo diferente.

Así que lo hice.
Con miedo, con fallas, con mucho ensayo… pero con intención.

Porque cuando una madre percibe que su hogar ya no puede ser espectador del alma de sus hijos…entonces entiende que es hora de convertir la casa en escuela y el día a día en discipulado.

Adele Morales

La ilusión del plan perfecto duró… dos semanas

Empecé con una agenda de colores.
Con imprimibles.
Con un cronograma que parecía digno de Pinterest.

Pero la vida se encargó de mostrarme la verdad:
la educación no sucede en las cajas de un horario.
Sucede en los espacios interrumpidos por la realidad.

Sucede cuando un hijo hace una pregunta que no estaba en el plan.
Sucede cuando una crisis familiar se convierte en la lección más viva.
Sucede cuando la paciencia se enseña al repetir la misma instrucción diez veces…
y la fe, al orar por sabiduría antes de responder con frustración.

El homeschool no empezó con un plan, o en un escritorio. Comenzó con una convicción.

Empezó en mi corazón.

Y si algo quiero que sepas es esto:
tu escuela también puede comenzar así.

No necesitas un cuarto especial.
No necesitas un título.
No necesitas "el currículo ideal".

Solo necesitas la convicción de que tu presencia importa, y la disposición de dejarte transformar mientras educas.

Porque lo que más se aprende en este camino no lo aprenden tus hijos…lo aprendes tú.

Las verdaderas lecciones no vienen del libro, sino del momento

No hay currículo que te enseñe lo que se aprende cuando:

- tu hijo llora frustrado porque no puede leer… y tú lo abrazas en vez de corregirlo.
- interrumpes una lección para atender una conversación que revela el alma.
- decides orar en voz alta en vez de solo continuar con el "devocional programado."
- cocinan juntos una receta familiar… y descubres que eso también cuenta como educación cultural, matemática, historia y amor.

Eso, querida mamá, es educación viva.
Eso es discipulado.
Y eso fue lo que empezó en mi casa sin que yo lo supiera.

No te hablo desde el logro. Te hablo desde el proceso.

Adele Morales

Educar en casa revela lo mejor y lo peor de ti.
Es un espejo constante. Pero también una oportunidad para sanar, crecer y modelar humildad.

Cada berrinche (de ellos... y mío) era una lección.
Cada pregunta sin respuesta era una invitación a aprender juntos.

Tu alma necesita preparación tanto como tus planes de clase.
Una mamá agotada emocional y espiritualmente no puede liderar con claridad.

Mi oración se volvió mi preparación más importante. Y mi Biblia, el mejor currículo.

Los mejores aprendizajes no siempre están en los libros.
Están en las conversaciones a media tarde.
En los errores.
En los momentos en que elegimos conexión en vez de control.
Enseñamos más con lo que vivimos que con lo que explicamos.

Todavía hay días en que dudo.
Días en que me pregunto si volver al sistema sería más fácil.
Días en que la culpa quiere ocupar el asiento del maestro.

Pero también hay días en que mi hija ora en español.
Días en que mis hijas me explican por qué aman estar en casa.
Días en que entiendo que lo que estoy haciendo sí está dejando huella.
Y entonces respiro. Y sigo.

Porque no empecé este camino sabiendo.
Lo empecé obedeciendo.

Domina el homeschool bilingue

La escuela que empezó en mi sala no tiene campana.
Pero tiene propósito.

No tiene boletas.
Pero tiene crecimiento.
No tiene títulos...
Pero tiene presencia, fe y una visión tan profunda que no cabe en un plan de lección.

Y si tú también estás en ese momento,
si estás por comenzar,
o si comenzaste hace tiempo, pero estás cansada de intentarlo como todos dicen...entonces escúchame:

tú también puedes empezar aquí.
Con miedo.
Con dudas.
Pero con el cielo de tu parte.

📖 *Versículo ancla*: "Y todo lo que hagáis, hacedlo de corazón, como para el Señor y no para los hombres." – Colosenses 3:23

No subestimes lo que Dios puede hacer con una mesa sencilla, una madre obediente y un corazón rendido. La escuela más transformadora no siempre tiene paredes. A veces, solo necesita una mamá que dice: "Aquí estoy, Señor. Enséñame a educar."

Adele Morales

Parte II:

ENSEÑAR CON INTENCION Y LIBERTAD

Capítulo 7

FE Y FIRMEZA

Adele Morales

No sé tú, pero yo he tenido días en los que me siento como Moisés frente al Mar Rojo: llamada a liderar, rodeada de obstáculos... y sin saber si realmente sé lo que estoy haciendo.

Hay una imagen que no se me borra: estoy sentada en la mesa, la Biblia abierta, el currículo a un lado, y mis hijas preguntándome algo que no sé responder. El nudo en la garganta no es solo por no saber... es por sentir que estoy fallando, o que no estoy haciendo suficiente.

Pero Dios no nos llama a guiar desde la perfección. Nos llama a guiar desde la dependencia. A veces, lo más poderoso que puedes hacer como madre educadora no es tener todas las respuestas... es saber a quién acudir cuando no las tienes.

Cómo enseñar cuando tú también estás aprendiendo a creer

Nadie te advierte que uno de los mayores retos de educar en casa no será enseñar matemáticas...
sino permanecer firme en tu fe cuando todo dentro de ti quiere rendirse.

Porque este camino, aunque es sagrado, también es agotador.
Y muchas veces se siente como si fueras tú la que necesita ser pastoreada... justo cuando tienes que guiar.

Lecciones desde el desierto

En Éxodo 3, Dios llama a Moisés para liberar a su pueblo. ¿Y cuál fue su primera reacción? Duda. "¿Quién soy yo para ir...?". La misma que muchas de nosotras tenemos. ¿Quién soy yo para educar a mis hijos? ¿Quién soy yo para enseñarles cuando ni yo me siento firme?

Pero Dios no responde con una lista de credenciales. Le dice: "Yo estaré contigo".

Esa es tu autoridad, mamá. No es tu experiencia, no tu título, no tu habilidad. Es Su presencia.

¿Y si yo también necesito ayuda?

Hay días en que no quieres abrir el libro de lectura.
No porque no sepas cómo enseñar,
sino porque no puedes cargar ni una cosa más.

Días en que corriges sin paciencia.
Días en que te preguntas si Dios realmente te llamó a esto.
Días en que repites frases de fe, pero por dentro te sientes como una impostora.

Y entonces te preguntas:

"¿Cómo puedo formar a mis hijos en la fe si yo misma me siento tan débil?"
"¿Qué testimonio les doy si lo que tengo es cansancio, no certezas?"
"¿Cómo se sostiene la firmeza cuando la fe se tambalea?"

La mentira silenciosa: que necesitas estar bien para enseñar bien

Adele Morales

Nos han hecho creer que la autoridad viene de la perfección, que para guiar en fe, hay que tener todo bajo control: devocionales bonitos, versículos enmarcados, respuestas teológicas rápidas, calma inquebrantable...

Pero eso no es lo que enseña la Palabra, la Biblia no cuenta historias de madres perfectas. Cuenta historias de mujeres obedientes en su debilidad.

En la Biblia, los grandes líderes no eran los más preparados.
Eran los más dispuestos.
Los quebrantados.
Los que dijeron "sí" aún cuando no tenían fuerzas.

"Mi poder se perfecciona en tu debilidad." (2 Corintios 12:9)

Enseñar con fe no significa tenerlo todo resuelto.
Significa permitirle a Dios guiar tu casa aun cuando tú estás aprendiendo a confiar.

Dios no espera que tengas todas las respuestas. Solo espera que no sueltes su mano.

Una escena real: fe entre el caos

Es lunes. Tu hijo está llorando porque no quiere escribir.
Tu hija pregunta por qué no puede hacer la clase en inglés.
Hay ropa por doblar y un ruido constante en tu mente:

"No estás haciendo suficiente."

En ese momento, en vez de gritar o rendirte…
respiras.

Cierras los ojos.
Y en voz baja dices:

"Señor, no tengo fuerzas.
No tengo claridad.
Pero tú conoces mi corazón.
Guíame.
Ayúdame a enseñar con tu gracia, no con mi perfección."

Ese momento… eso también es fe.

Una oración para comenzar el día

"Señor, este día es tuyo.
Tú conoces mis límites y los de mis hijos.
Dame sabiduría para enseñar con firmeza sin dureza.
Ayúdame a ver el corazón de mis hijos más allá de sus respuestas.
Pon gozo en nuestra casa, aun si no todo sale como planeé.
Y que tu Espíritu esté presente, incluso en las páginas que no abramos hoy.
Amén."

El hogar como campo de discipulado… y de redención

Adele Morales

Cada día que enseñas con humildad,
cada vez que pides perdón después de perder la paciencia,
cada vez que compartes tu proceso con tus hijos en vez de fingir que todo está bien...

Estás formando no solo conocimiento.
Estás formando carácter.

Y eso no se logra con firmeza externa, sino con fe profunda.

¿Cómo se cultiva esa fe mientras enseñas?

No se trata de hacer más devocionales.
Ni de forzar versículos en cada clase.

Se trata de tres cosas:

Ora antes de planificar - No hay guía más poderosa que el Espíritu Santo para mostrarte por dónde comenzar ese día. No te lances a la agenda sin antes consultar al cielo. A veces, lo que necesitas enseñar no está en el currículo.

Haz del idioma un canal espiritual - Ora en español con tus hijos. Enséñales un versículo corto.
Deja que vean tu fe en su idioma materno. No escondas tu fe, permiten que te vean clamar. Deja que sepan que que tú también necesitas dirección. Modela lo que significa depender de Dios.

Habla de tus procesos, no solo de tus convicciones, sé vulnerable sin perder dirección - Puedes decir "Hoy estoy cansada, pero sé que Dios nos va a ayudar."

Eso también enseña.
Eso también deja huella.

Eso es discipulado.

Sustituye pensamientos de ansiedad por verdad

Aquí tienes un pequeño cuadro:

Pensamiento ansioso	Verdad que sostiene
"Estoy arruinando su educación"	"Dios me dio estos hijos. Él me respalda."
"No sé qué estoy haciendo"	"Estoy creciendo junto a ellos."
"Hoy no fue suficiente"	"La fidelidad no siempre se ve, pero rinde fruto."

Tu fe no necesita ser espectacular. Solo necesita ser real.

Dios no te está pidiendo que seas teóloga.
Te está pidiendo que seas fiel.

Fiel cuando el ánimo baja.
Fiel cuando la lección no sale.
Fiel cuando no entiendes cómo terminar la semana…

pero igual abres el cuaderno y dices: "Vamos a intentarlo otra vez."

Adele Morales

Enseñar con firmeza no es imponer control.

Es transmitir confianza.
Confianza en que Dios no los dejará sin dirección.
Confianza en que tu hogar es un altar, no una trinchera.
Confianza en que educar en casa puede ser una extensión del Reino… aunque a veces parezca solo una lucha por sobrevivir el día.

No estás fracasando. Estás sembrando.

La fe no se mide en días buenos.
Se mide en obediencia silenciosa.
En pasos pequeños.
En decisiones diarias de volver a empezar con Dios en el centro.

Tú no necesitas tener todo bajo control para enseñar con autoridad, o hacerlo todo bien para ser su guía espiritual.
Solo necesitas estar conectada a la Fuente.

Porque cuando enseñas desde la presencia de Dios,
aunque el día no tenga estructura perfecta…
tus hijos aprenderán lo más importante:

Que su mamá confió.
Y que su fe…
sostenía a toda la casa.

Y cuando eso pasa, aunque no lo veas de inmediato,
tu casa se convierte en tierra santa.

Conversaciones reales que sanan

Tu hijo no necesita una madre perfecta. Necesita una madre presente. Necesita saber que puede confiar en ti incluso cuando titubeas. Comparte con ellos cuando te sientas débil. Y no para hacerlos cargar contigo, sino para que vean la verdad: Dios se glorifica en tu debilidad.

Una vez, en medio de una semana difícil, mi hija menor me abrazó y me dijo: "Gracias por enseñarme, aunque estés cansada." Esa frase me recordó que el amor es más visible cuando el camino no es fácil.

La fe no elimina las dudas, las ilumina con propósito.

Activa tu visión

Tómate 10 minutos esta semana para escribir una oración honesta a Dios sobre tus dudas como madre educadora. Pide claridad, sabiduría y que el Espíritu Santo continúe guiándolos en su camino.

Capítulo 8

MAS QUE LIBROS

Porque el verdadero aprendizaje no siempre tiene páginas

La mayoría de las madres que educan en casa comienzan con una idea romántica:
una estantería llena,
niños sonrientes con cuadernos abiertos,
lecciones avanzando "como debe ser".

Y luego, llega la realidad.

Los libros se quedan cerrados.
Los niños no cooperan.
Tú estás agotada, y esa guía de 200 páginas te mira como si fuera la única voz autorizada en tu casa.

Y es ahí cuando necesitas recordar esto:

Educar en casa no es seguir un libro.
Es formar una vida.

La gran trampa: pensar que el currículo lo es todo

Muchas madres, sobre todo las que comienzan, caen en el error de pensar que su valor como educadoras depende de:

- Qué currículo usan

- Cuánto logran avanzar cada semana

- Si su hijo "va al día"

Adele Morales

- Cuántas materias incluyen en su planificación

Pero esa es una forma escolarizada de ver la educación.

Y tú no estás aquí para replicar la escuela.
Estás aquí para liberar una forma de aprendizaje que empieza en el alma, no en el libro.

El libro guía, pero no transforma

Los libros son herramientas.
Valiosas, sí.
Pero nunca deberían ocupar el lugar de la intuición, la observación, la conversación, y la dirección del Espíritu.

Porque lo que más recordarán tus hijos no es el contenido del libro, sino el contexto en que lo vivieron.

Y si ese contexto está lleno de tensión, presión, y gritos por "terminar la página" …

ningún currículo, por bueno que sea, podrá sembrar amor por el aprendizaje.

A veces, lo que más necesitamos no es otro libro, sino otro enfoque. Por eso, he recopilado herramientas prácticas, recursos vivos y acompañamiento estratégico en la Biblioteca Virtual (disponible en nuestra página web), no para imponerte un sistema más, sino para ayudarte a adaptar lo que ya tienes desde un lugar de paz, propósito y conexión.

¿Por qué seguimos obsesionadas con "ir al día"?

Porque nos enseñaron a medir valor con avance.
Porque tememos quedarnos atrás.
Porque no queremos que nos juzguen.

Porque creemos, en lo más profundo, que si no hay "progreso académico" … entonces estamos fracasando.

Pero ¿qué pasa si tu hijo aprende a regular sus emociones esta semana, aunque no termine el libro de ciencias?¿Eso no cuenta?

¿Y si aprende a compartir con su hermano, a servir en casa, a expresar sus ideas con respeto?

¿No es eso educación también?

Educar es discipular, no solo enseñar

Cada día que tú modelas cómo manejar el estrés,
cómo resolver un conflicto,
cómo pedir perdón,
cómo tener gratitud en medio del cansancio…

estás educando.

Y eso vale más que una calificación.

Lo que realmente enseña

Adele Morales

- Cocinar juntos mientras hablan en español.

- Ver una película y discutir lo que aprendieron.

- Ir al supermercado y comparar precios.

- Hacer una pausa y leer un salmo que se alinea con lo que están viviendo.

- Lidiar con una crisis familiar y salir más unidos.

Esos momentos, no planeados, no contenidos en un libro, son los que forman criterio, fe, carácter y conexión.

Tus hijos observan más de lo que escuchan.
Si predicas respeto pero gritas al hablar, el mensaje se pierde.
Si enseñas gratitud pero vives quejándote, ellos lo notan.
Tu coherencia es tu pedagogía más poderosa.

Las pausas también enseñan.
A veces, los momentos que parecen "interrupciones" son en realidad oportunidades de oro.

Cuando tu hijo tiene una crisis emocional, cuando hay una conversación inesperada en el almuerzo, cuando surge una pregunta profunda al acostarse... todo eso también es enseñanza.
No la ignores por terminar el capítulo.

El aprendizaje ocurre en ambientes de amor, no de presión.
Los niños florecen donde hay seguridad emocional.
Crear una atmósfera de respeto, fe y gozo tiene un impacto más duradero que cualquier método académico.

El mejor plan de estudio es la vida misma.

¿Qué cambia cuando entiendes esto?

Cambia tu ritmo.
Tu paz.
Tu enfoque.

Dejas de sentirte detrás.
Empiezas a ver cada día como una oportunidad,
no como una lista de pendientes.

Y comienzas a usar los libros **como apoyo**, no como juez.
Confías más en ti y en tu habilidad de ajustar el material.

Tu casa es más que un salón de clases.
Es un lugar donde se forma el alma.

Y tú no fuiste llamada a seguir páginas…
sino a formar personas.

Así que sí: usa libros.
Disfrútalos.
Aprende con ellos.

Pero nunca olvides que la mejor lección la estás dando tú,
cada vez que eliges enseñar desde el amor, y no con presión.

Porque tú no estás criando solo estudiantes.
Estás discipulando seres humanos.

Adele Morales

💪 *Activa tu visión*

Hoy te propongo observarte. Haz un inventario de 24 horas. Pregúntate:

- ¿Qué me ven mis hijos hacer cuando estoy cansada?
- ¿Cómo manejo el error, propio o ajeno?
- ¿En qué momentos puedo intencionalmente modelar la vida que deseo que ellos vivan?

Tú eres su maestra. Pero también eres su espejo, su ejemplo, su ancla.
Tus hijos tal vez no recuerden la lección de hoy.
Pero sí recordarán si se sintieron amados, vistos y aceptados.

Recuerda: las palabras enseñan, pero tu vida transforma.

Capítulo 9

CREA CULTURA, NO SOLO CURRICULO

Adele Morales

Porque tus hijos no recordarán todo lo que les enseñaste... pero sí cómo vivieron contigo

Cuando pensamos en educación, pensamos en libros.
Planes. Horarios. Metas.

Pero lo que realmente forma a un hijo no es lo que le enseñas con palabras. Es lo que vive contigo todos los días.

Y eso no lo dicta un currículo.
Lo dicta la cultura de tu hogar.

¿Qué es la cultura de tu hogar?

La cultura es lo que se respira sin que se anuncie.
Es lo que tus hijos absorben sin que tú lo planifiques.

Es el tono con el que hablas cuando estás cansada.
Es lo que se hace con el tiempo libre.
Es lo que se celebra. Lo que se evita. Lo que se honra.
Es cómo se resuelve un conflicto, cómo se responde al error, cómo se trata al que piensa diferente.

Es el ambiente invisible que moldea el alma.
Y ese ambiente —para bien o para mal—
está formando a tus hijos todos los días

El error silencioso: enfocarse tanto en el currículo que olvidas que estás formando cultura

Puedes tener el mejor plan de estudios,
los recursos más completos,
los imprimibles más bellos...

y aun así criar hijos que:

- No saben quiénes son
- No valoran tu fe
- Se avergüenzan del idioma que habla tu madre
- Viven estresados por "cumplir"
- O simplemente, no disfrutan estar en casa

¿Por qué?

Porque la cultura del hogar —no el currículo— es lo que determina si ese aprendizaje se convierte en vida... o solo en memoria a corto plazo.

Cómo empezar a formar cultura intencionalmente

No necesitas hacer grandes cambios.
Solo necesitas alinear lo que haces... con lo que dices que valoras.

Aquí van algunas claves:

1. Elige tus palabras con intención

Las frases que más repites se vuelven la narrativa interna de tus hijos.

Adele Morales

"Aquí no nos rendimos."

"En esta casa, servimos con gozo."

"Nuestra lengua es un regalo."

"El error es parte del aprendizaje."

"Primero oramos, después resolvemos."

2. Establece rituales, no solo rutinas

Un ritual es una práctica con significado.

Puede ser tan simple como:
- Leer un salmo cada lunes antes de empezar
- Cocinar un plato familiar todos los viernes
- Orar en voz alta al cerrar el día
- Escuchar música latina mientras hacen arte

Esos pequeños actos repetidos con intención…
se vuelven cultura.

GUÍA ESPECIAL:

Cómo crear un día bilingüe con ritmo, cultura y paz

No existe una sola forma "correcta" de organizar tu día.
Pero sí hay principios que te ayudan a vivir con orden... sin asfixiarte.

Aquí te comparto una guía para formar **no solo una rutina académica**, sino un **ambiente familiar cargado de identidad, belleza y propósito.**

1. Comienza con un ritmo natural, no forzado

Divide tu día en tres grandes bloques:
Mañana – Mediodía – Tarde
(No necesitas horarios rígidos, solo intención.)

Adele Morales

MAÑANA: Cultivar el alma y la conexión

- Comienza con una oración o versículo en voz alta
- Usa una frase de identidad en español: "Hoy vamos a aprender con alegría"
- Haz una lectura corta (literatura o Biblia)
- Escoge una actividad tranquila: escritura, narración o conversación en ambos idiomas
- Escucha música suave en español mientras desayunan o trabajan

🎯 Intención: establecer paz, orden interno y conexión espiritual

MEDIODÍA: Movimiento y práctica de vida

- Hagan juntos alguna actividad doméstica mientras hablan en español
- Cocina con tus hijos usando nombres de ingredientes en ambos idiomas
- Escoge una materia más dinámica: ciencias, matemáticas, arte práctico

- Lean juntos instrucciones de algo en inglés y luego tradúzcanlo

🎯 Intención: integrar el idioma en lo cotidiano sin forzarlo

TARDE: Conexión emocional y libertad cultural

- Disfruten una película o serie en español (o con subtítulos)
- Escucha música de tu país o artista favorito y hablen de la letra
- Llamen a un familiar hispanohablante y conversen
- Tiempo de libre expresión (manualidades, lectura, danza, teatro)

🎯 Intención: asociar el idioma y la cultura con gozo, descanso y pertenencia

Tips para que este ritmo funcione

- No esperes que todo fluya perfecto desde el primer día
- Evalúa por semana, no por día
- Cambia un solo bloque si lo demás no funciona

Adele Morales

- Permítete ajustar sin sentir que fallas
- Celebra pequeños momentos donde se hable, se ría o se ore en español

Crea cultura cuando dejas de correr… y comienzas a habitar

El propósito de esta guía no es llenarte de actividades.
Es ayudarte a formar ambiente, recuerdos, raíz.

Tu día tiene más peso del que crees.
No por lo que logras tachar… sino por lo que siembras mientras lo vives.

Tu casa ya está formando algo.
La pregunta es:
¿Está formando lo que tú realmente valoras?

Tú tienes el poder —y la guía del cielo— para crear una cultura que refleje tu fe, tu idioma y tu visión.
Y cuando lo haces con intención, aun los días más simples se convierten en parte de un legado eterno.

Porque lo que tus hijos aprenderán…
va más allá del currículo.

Van a aprender a vivir.
Contigo.
En su idioma.

Con identidad.
Con propósito.

Y eso, mamá…
es cultura en su forma más pura.

Capítulo 10

ERRORES SILENCIOSOS QUE SABOTEAN TU HOMESCHOOL BILINGÜE

No es lo que haces lo que te frena... es lo que no has hecho todavía

No hay nada más frustrante que sentir que lo estás dando todo... y aun así, las cosas no fluyen.

Que tus hijos no cooperan.
Que tú no avanzas.
Que la visión se te nubla y los días se te escapan.

Entonces haces lo que muchas hacen:
cambias de currículo.
ajustas el horario.
intentas organizarte mejor.
Pero nada cambia.

¿Y si el problema no está en lo que estás haciendo...
sino en lo que no estás viendo?

El verdadero sabotaje no grita, susurra.

Lo más peligroso de estos errores es que no se ven como errores.
Se disfrazan de lógica, de buenas intenciones, de "así se hace".

Pero lo que hacen en realidad es desconectarte de tu propósito, drenar tu energía, y hacerte sentir insuficiente.

Vamos a exponerlos juntos.

▼ Error 1: Copiar modelos sin discernir tu diseño

Adele Morales

Este es uno de los errores más comunes y sutiles.

Ves cómo lo hace "esa mamá" en redes.
Imitas su rutina.
Compras lo que ella recomienda.
Intentas hablar como ella, planificar como ella, enseñar como ella...

Y sin darte cuenta, te estás traicionando.

Porque lo que funciona para una familia puede ser desastroso en otra.

📌 *Lo que te sirve es lo que honra tu realidad, no lo que impresiona a los demás.*

▼ Error 2: Priorizar el inglés "porque es más práctico"

Muchas madres sienten la presión de enfocarse en el inglés porque:

- Es lo que se usa en exámenes

- Es lo que dominan mejor

- Es lo que el entorno valora

Pero al hacerlo, envían un mensaje silencioso pero devastador: el español no es tan importante. Y ese mensaje se queda.

Tus hijos aprenderán lo que tú insistes en vivir, no lo que dices que importa.

▼ Error 3: Medir el éxito con estándares escolares

Este error te hará dudar de ti todos los días.

Si estás usando como vara de medición:

- Cuántos temas avanzaron
- Si están "al nivel"
- Si pueden rendir como niños escolarizados
- Si saben lo mismo que sus primos o vecinos

…entonces estás educando desde la comparación, no desde la visión.

➤ *La educación en casa no es una carrera contra el sistema. Es una siembra a largo plazo.*

▼ Error 4: Corregir el idioma como si fuera una materia

Tu hijo dice algo mal en español.
Y tú, sin pensarlo: "¡Así no se dice!"
"Repítelo bien."
"Eso no está correcto."

Y lo haces con amor, claro.

Adele Morales

Con buenas intenciones.

Pero con cada corrección seca, estás asociando el español con frustración.

El idioma no se aprende solo con estructura. Se vive con emoción.

Haz del español un lenguaje de ternura, de cuentos, de cocina, de música...no solo de corrección.

¿Entonces cómo sí fortalecer el español... sin convertirlo en una fuente de tensión?

Aquí tienes una lista real, usable, efectiva y llena de gozo:

10 maneras de fortalecer el idioma sin libros ni presión

1. **Pon música en español durante el desayuno o en la cocina**
   Canta, baila, deja que el ritmo se convierta en idioma emocional.

Domina el homeschool bilingue

2. **Cuenta historias familiares en español**
   Usa palabras que evoquen emoción, legado, risa, memoria.

3. **Nombra objetos cotidianos con etiquetas bilingües**
   Simple, visual, constante. "refrigerador" no necesita lección.

4. **Haz juegos orales en español**
   Veo-veo, adivinanzas, trabalenguas, juegos de sílabas.

5. **Haz listas juntos en español**
   Lista del mercado, tareas del día, menú de la semana.

6. **Permite que vean películas dobladas al español con subtítulos en inglés**
   O al revés. Lo importante es el ritmo auditivo + visual.

7. **Incluye frases espontáneas en español durante el día**
   "¿Quieres agua?¿" – "Quién dejó esto aquí?" – "¡Vamos, mi amor!"

8. **Ora en voz alta con palabras simples y emocionales**
   Tu hijo asociará el idioma con la fe, no solo con lo académico.

9. **Celebra logros o cumpleaños con canciones en español**

Adele Morales

>Normaliza lo cultural desde lo afectivo, no desde lo teórico.

>10. **Permítete hablar con errores, pero con gozo**
>El ejemplo más poderoso no es la gramática perfecta, sino el uso real con amor y confianza.

▼ Error 5: Dejarte para después. Siempre.

Este es el error más silencioso y destructivo de todos.
Porque al inicio no se nota. Pero al tiempo... lo arruina todo.

Cuando tú no te cuidas, no te alimentas bien, no tienes espacios de conexión, descanso o gozo...
tu homeschool comienza a operar desde el resentimiento.

Y nadie florece donde la raíz está seca.

📌 *La calidad de la educación que das está profundamente ligada a la calidad del alma que habita tu cuerpo.*

Y eso no es egoísmo. Es sabiduría.

¿Y ahora qué?

No estás leyendo esto para sentir culpa.
Estás leyendo esto para despertar.

Porque no hay cambio sin conciencia.
Y ahora que ya sabes lo que puede estar saboteando tu

proceso...
tienes poder.

Puedes ajustar.
Puedes soltar.
Puedes redirigir.

Y puedes hacerlo con gracia, no con castigo.

El homeschool bilingüe es terreno sagrado.
Y como toda tierra fértil, necesita atención constante.

No basta con sembrar.
Hay que observar lo que está creciendo,
y lo que se está pudriendo en silencio.

Tú tienes discernimiento.
Tú tienes autoridad.
Y ahora, también tienes claridad.

Usa esa claridad.
Afirma tu visión.
Y sigue caminando con los ojos abiertos.

Porque criar entre mundos requiere intención.
Y tú estás lista para ejercerla.

//Adele Morales

Capítulo 11

RUTINAS, CAOS y PROPOSITO

Hay mañanas en que todo empieza bien: la Biblia sobre la mesa, el desayuno listo, el plan del día en tu mente.

Y luego...
El niño pequeño derrama la leche.
La adolescente discute sobre por qué *otra vez* hay que hacer historia.
La impresora decide que hoy tampoco va a colaborar.

Y tú, que querías que el día fluyera con gracia, terminas llorando en el baño (otra vez), preguntándote si realmente estás equipada para esto.

Bienvenida a una verdad que nadie publica en Instagram: el caos no siempre es señal de fracaso. A veces, es parte del proceso sagrado.

No necesitas control absoluto. Necesitas dirección clara.

La mayoría de las madres homeschoolers no piden días perfectos. Piden días **predecibles**.
Un mínimo de orden.
Un respiro dentro del torbellino que es enseñar, criar, cuidar, servir... todo bajo el mismo techo.

Y sin embargo, la realidad se impone:

- El material no llega.

- La comida se quema.

- Tú estás agotada.

Adele Morales

Y entonces te preguntas:

"¿Cómo se supone que mantenga una rutina cuando todo es tan... caótico?"

Lo que llamas "caos" no siempre es falta de organización

Muchas veces, el desorden externo es reflejo de un ruido interno.

Un alma que:

- No tiene claridad de hacia dónde va
- Está operando desde la comparación
- Está intentando cumplir con estándares de otros
- Está cargando más de lo que fue llamada a llevar

Por eso, lo primero que quiero decirte es esto:
El éxito en el homeschool no se mide por la cantidad de días perfectos, sino por perseverancia con propósito.

No estás fallando. Estás creciendo.

No necesitas una rutina perfecta.
Necesitas una rutina que parta desde tu propósito.

¿Para qué quieres una rutina?

Hazte esta pregunta en serio.
No para organizar más actividades…
sino para *vivir con más paz.*

Cuando entiendes esto, la rutina deja de ser una cárcel…
y se convierte en un marco de libertad.

📌 *Tú no haces homeschool para llenar horarios. Lo haces para formar personas. Y eso requiere dirección, no rigidez.*

El mito de la rutina inquebrantable

La industria del "planner" te ha hecho creer que si no sigues tu horario al pie de la letra, fallaste.

Pero la verdad es otra:

- Las mejores rutinas son vividas, no forzadas.
- El progreso se mide en conexión, no en páginas completadas.
- Los ritmos se ajustan según la temporada… y según tu capacidad emocional y espiritual.

Tú no fuiste diseñada para producir.
Fuiste diseñada para guiar.

Adele Morales

Cómo construir una rutina con propósito

Aquí no hay fórmulas, pero sí principios. Y te los doy como una hermana mayor en este camino:

1. Comienza con lo esencial

¿Qué cosas, si se hicieran cada día, traerían paz y sentido a tu hogar?

Tal vez es:

- Una oración juntos al despertar
- Leer aunque sea un capítulo
- Comer sin pantallas
- Salir a caminar
- Hacer una pausa de gratitud al final del día

Eso. Solo eso.
Y cuando se vuelva parte de ustedes, entonces añade más.

2. Agrupa actividades por bloques, no por horas

En lugar de decir:
"De 9:00 a 9:45 lectura. De 9:45 a 10:30 matemáticas..."

Dile a tu día:
"Mañana de aprendizaje.
Mediodía de vida práctica.
Tarde de conexión."
Y fluye con la temporada.

✒ *Una rutina flexible, pero con intención, es más poderosa que un horario inflexible con culpa.*

3. Permite el descanso sin culpas

No todos los días van a salir bien.
Pero cada día tiene algo redimible.

Permítete reír, pausar, descansar.
La rutina también incluye espacio para respirar.

¿Y qué pasa cuando todo se desmorona?

Ese es el verdadero test de una rutina con propósito:
que incluso cuando no se cumple…
no te hace sentir que fracasaste.

Porque no era un fin en sí misma.
Era un medio para formar.

Y formar a tus hijos no requiere perfección diaria.
Requiere constancia imperfecta, amor visible y dirección espiritual.

Adele Morales

El caos no se vence con control.
Se redime con visión.

Una rutina con propósito no se siente como una lista.
Se siente como un ritmo que da paz.
Y tú, mamá, puedes construir ese ritmo.

A tu manera.
Con tus hijos.
Con Dios en el centro.

Porque tu hogar no necesita más reglas.
Necesita más presencia.

Y eso, créeme…sí puedes ofrecerlo.

Activa tu visión

✅ Revisa tu rutina actual. ¿Hay algo que puedas soltar para tener más paz?

✅ Crea bloques flexibles y compártelos con tus hijos.

✅ Añade a tu calendario un "Día sin escuela" este mes.

Capítulo 12

PLANIFICA CON PROPOSITO

Adele Morales

Una madre me dijo una vez: "Siento que planifico para sobrevivir, no para avanzar." Y lo entendí, porque lo he sentido también.

Planificar el año homeschool puede parecer una montaña abrumadora. Y si encima queremos hacerlo en dos idiomas... el estrés se multiplica.

Pero déjame darte una perspectiva diferente: No planifiques para completarlo todo. Planifica para sembrar lo que sí importa.

No se trata de hacer más. Se trata de hacer lo que importa.

Has intentado planificadores.
Listas. Calendarios. Rutinas de YouTube.
Has descargado imprimibles.
Has coloreado horarios.

Y sin embargo...
te sigues sintiendo desorganizada, frustrada, culpable.

La razón no es que no sabes planificar.
La razón es que has estado planificando desde el deber, no desde el propósito.

¿Qué pasa cuando planificas desde la presión?

Tu día se convierte en una carrera.
Tus hijos se convierten en tareas por completar.
Tu alma se convierte en un checklist que nunca se termina.

Y al final de la semana, aunque hayas hecho "todo" …
sientes que hiciste poco.

Porque no hiciste lo que realmente importa.

¿Cuál es la raíz del problema?

Muchas madres homeschoolers, especialmente las que crían entre culturas, planifican así:

- Desde el miedo a "quedarse atrás"

- Desde la culpa de no hacerlo como las demás

- Desde la comparación constante con lo que deberían lograr

- Desde la expectativa de que TODO se debe cubrir, en TODO momento

✦ *Pero lo que se planifica desde la ansiedad no produce paz. Solo produce agotamiento con apariencia de productividad.*

Planificar con propósito significa otra cosa

Significa alinear tu tiempo con tu llamado.
Tus tareas con tu temporada.
Tu energía con tu visión.

Adele Morales

Significa dejar de llenar tu día...
y empezar a intencionarlo.

Cómo se ve una planificación con propósito

Aquí no te voy a dar una plantilla más.
Te voy a mostrar cómo cambiar la raíz.

1. Empieza con tu visión, no con tus materias

Antes de decidir qué enseñar esta semana, pregúntate:

- ¿Qué quiero que mis hijos recuerden de esta etapa?
- ¿Qué valores quiero reforzar?
- ¿Qué tipo de conexión quiero fortalecer esta semana?

La planificación con propósito comienza con el alma, no con el libro.

2. Planifica con márgenes, no con rigidez

No llenes cada bloque.
Deja espacio para lo inesperado.
Planifica una meta principal por día... y si haces más, es ganancia.

✦ *El propósito necesita oxígeno. La planificación extrema lo asfixia.*

Además, si te sientes lista para llevar esta idea más allá de palabras, en la Biblioteca Virtual de Corto y Dulce encontrarás planificadores, hojas de ritmo diario/semanal y mini-talleres que te guían a construir tu plan en armonía con tu llamado y cultura, sin presionarte ni sobrecargarte.

3. Hazlo contigo en mente

No eres un robot.
Eres un alma con límites.

Antes de cerrar tu planificación, revisa:
– ¿Esto me da paz?
– ¿Esto honra mi energía de esta semana?
– ¿Esto refleja quién soy y cómo Dios me está guiando?

Si no... vuelve a empezar.
Con ternura. No con culpa.

Comparativo: Planificar desde el deber vs. desde la visión

Desde el deber	Desde la visión
"Tengo que hacerlo todo."	"Voy a elegir lo que tiene mayor impacto."
Presión externa (escuela, familia, redes)	Dirección interna (fe, cultura, propósito)
Culpa por lo que no se hizo	Gratitud por lo que sí se sembró

Rutinas rígidas y exigentes	Ritmos con intención y flexibilidad
Enfoque en lo urgente	Enfoque en lo eterno

¿Qué estilo de planificación se adapta más a ti?

Cada madre es distinta. Tu estilo no es inferior, es único.

❧ La mamá visual

Ama los calendarios grandes, colores, stickers y planificación en pizarras o muros.
✓ Recomendación: Usa bloques con íconos, crea horarios visuales para los niños.

❧ La mamá abrumada

Se siente paralizada cuando ve demasiadas cosas. Le cuesta empezar.
✓ Recomendación: Planifica solo 3 cosas por día: 1 de conexión, 1 académica, 1 de vida práctica.

❧ La mamá kinestésica

Piensa mejor mientras se mueve. Se distrae con detalles pequeños.
✓ Recomendación: Planifica verbalmente o graba notas de voz; luego transcribe lo esencial.

❧ La mamá intuitiva

Planifica más por "sensación" que por lista. Odia horarios apretados.
✓ Recomendación: Usa una hoja semanal con lo esencial. No pongas horarios, solo flujos.

Ningún estilo es mejor. El mejor plan es el que puedes sostener con gozo.

Microtestimonios reales

"Empecé a planificar desde mi nivel de energía, no con ansiedad. Ahora hago menos… y todo tiene más sentido." — Clara, mamá de 3

"Solté la culpa de no tener una rutina perfecta. Ahora tengo un ritmo que respeta nuestra cultura y nuestros tiempos." — Nely, mamá bicultural

"Antes me agotaba solo planificando. Ahora escribo mi intención del día, y confío en que lo demás caerá en su lugar." — Laura, mamá primeriza

Adele Morales

Planificar no es controlar. Es crear dirección.

La dirección no garantiza perfección.
Pero sí te mantiene caminando cuando el cansancio quiere detenerte.

Planificar con propósito no significa que todo saldrá como esperas. Significa que todo lo que hagas... tiene sentido.

Y eso cambia por completo cómo vives cada día.

Tu plan no necesita impresionar.
Necesita sostener.

Y eso solo ocurre cuando está construido con:

- Intención

- Gracia

- Flexibilidad

- Y dirección del cielo

Porque al final, no se trata de terminar todos los libros.

Se trata de formar a tus hijos con paz.
De caminar con propósito.
Y de saber que lo que estás sembrando, aunque invisible ahora...está alineado con tu llamado eterno.

Y eso...sí vale la pena planificar.

Parte III:

LEGADO, VISION Y COMUNIDAD

Adele Morales

Capítulo 13

RAICES Y ALAS

Porque educar también es preparar para dejar ir

Hay una imagen que vuelve a mí con frecuencia:
una madre que enseña con ternura, y al mismo tiempo, con una herida que apenas empieza a formarse.

La herida de saber que algún día,
ese niño al que le enseñas a leer,
ese adolescente con el que debates historia,
esa niña que ora contigo en dos idiomas...

Un día se irá.
Y lo único que se llevará será lo que sembraste en su interior.

Raíces

Raíz es aquello que los sostiene cuando tú ya no estés ahí.
Es lo que les permite regresar cuando se pierden.
Es lo que les recuerda quiénes son, aún si el mundo intenta redefinirlos.

Un niño con raíces sabe quién es, aún cuando el mundo le diga lo contrario.
Sabe de dónde viene, qué cree, qué lo hace especial. Y no se avergüenza.

Tú formas raíces cuando:

- Les enseñas con tu ejemplo, no solo con tus palabras.

- Les das lenguaje para nombrar su fe, su historia, su identidad.

Adele Morales

- Les muestras que el hogar no es un lugar perfecto, sino un refugio real.

- Les permites amar su cultura sin vergüenza ni fragmentación.

Raíz es lo que se siembra cuando tú decides no soltar lo esencial, aunque lo demás se desordene.

A lo largo de los años, he compartido estos principios con otras madres a través de sesiones grupales y talleres de crianza con propósito. Si alguna vez deseas acompañamiento, te invito a explorar mis espacios de mentoría en *Corto y Dulce Homeschooling*.

Alas

Pero no basta con enraizar.
También hay que soltar.
Dejar espacio para el vuelo.

Un niño con alas no teme volar.
No se siente dividido entre mundos.
Se siente expandido.

Alas es lo que les das cuando:

- Los escuchas, aunque piensen distinto.

- Les das voz en sus decisiones, aunque tengas miedo.

- Les permites cometer errores, aunque te cueste no intervenir.

- Les enseñas que tú no eres el destino… solo el punto de partida.

Dar alas es un acto de fe. Es decir: *"Confío en lo que sembré. Confío en quien te guía. Y confío en que, aunque vueles lejos… llevarás mi voz en tu espíritu."*

¿Cómo se equilibra eso?

Ese es el arte.

Cada familia lo vive distinto.
Cada hijo lo necesita diferente.

Pero tú, como madre que educa con propósito, tienes una ventaja:

Estás presente.
Estás observando.
Estás guiando no solo lo que aprenden… sino en quiénes se están convirtiendo.

Y eso te permite saber cuándo afirmar la raíz
y cuándo soplar el viento que impulse las alas.

Lo que ellos recordarán

Adele Morales

No será si hiciste todos los exámenes.
Será si estuviste disponible.
Si les hablaste de Dios sin religiosidad.
Si defendiste su idioma cuando el mundo lo quiso silenciar.
Si fuiste consistente en medio del caos.

📌 *Ellos recordarán tu amor, no tus horarios. Tu ejemplo, no tus lecciones.*

Raíces y alas.
No una o la otra.
Ambas. Juntas.
Como todo lo que vale la pena.

Enséñales que no tienen que renunciar a una parte para pertenecer,
que pueden abrazarlo todo,
que pueden ser 100% latinos y 100% ciudadanos del mundo,
que su identidad no se divide... se multiplica.

Y tú, mamá...
tienes lo que se necesita para dar ambas.

Porque naciste para sostener sin asfixiar.
Para formar sin retener.
Para enseñar con la eternidad en mente...

y soltar con la confianza de que lo que sembraste,
ya está echando raíz.

🌱 *Activa tu visión*

Haz un dibujo (o pídeles a tus hijos que lo hagan) de un árbol familiar.

- Las raíces: Escribe 5 valores, costumbres o frases que representan tu cultura y que quieres preservar.
- El tronco: Escribe 3 hábitos que fortalecen a tu familia hoy.
- Las ramas y frutos: Escribe sueños, talentos o misiones que esperas que florezcan en tus hijos.

Cuélgalo donde todos lo vean. Recuérdales (y recuérdate):

"Nuestros hijos no están destinados a encajar... están llamados a brillar así como son."

Ejemplo que puedes modificar

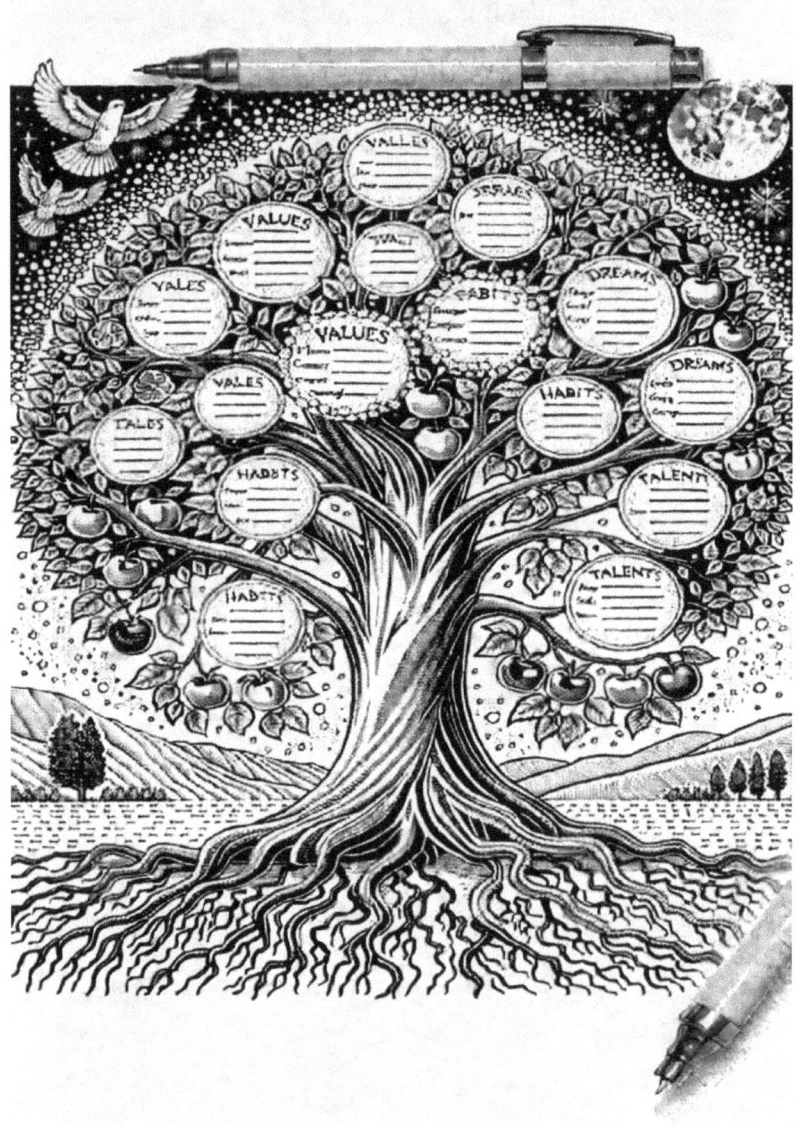

Capítulo 14

HERRAMIENTAS QUE TRANSFORMAN

Adele Morales

No necesitas más recursos. Necesitas usar lo que ya tienes con intención.

Cuando una madre se siente insegura, lo primero que busca es un recurso.
Un libro nuevo.
Una suscripción.
Un curso que "ahora sí" la hará sentirse preparada.

Y aunque las herramientas son útiles, hay una verdad que rara vez se dice:

Ningún recurso funcionará si no sabes por qué o cómo lo estás usando.

¿Por qué no estás viendo los resultados que esperas?

No es porque el material sea malo.
No es porque tú seas desorganizada.
Muchas veces es porque estás intentando aplicar herramientas...sin haber definido tu terreno.

📌 *Una buena herramienta en manos confundidas se convierte en una carga.*

Pero una herramienta sencilla en manos firmes... transforma.

¿Qué hace que una herramienta sea verdaderamente transformadora?

No es la marca.
No es la cantidad.
No es el precio.

Es esto:

- Que responde a tu propósito, no a presión.

- Que se adapta a tu ritmo, no a la comparación.

- Que fortalece tu cultura, tu fe y tu conexión con tus hijos.

- Que te da paz, no ansiedad.

Las herramientas correctas no solo te organizan. Te devuelven autoridad.

Herramientas que han marcado diferencia (y por qué)

Aquí no vas a encontrar una lista infinita.
Vas a encontrar ejemplos con criterio, para que elijas lo que se alinea con tu visión:

📖 Libros vivos

Cuentos, historias reales, literatura clásica y contemporánea en ambos idiomas.

Adele Morales

✓ Porque un buen libro no solo enseña vocabulario... modela pensamiento y despierta emociones. Puedes ver ejemplos en mi blog.

🗓 Planificadores flexibles

No para llenar cada minuto, sino para anotar lo esencial.
✓ Porque planificar con gracia te permite avanzar sin sentirte esclava del reloj.

☐☐ Tarjetas visuales, imprimibles, herramientas de refuerzo

Especialmente útiles en entornos bilingües y cinestésicos.
✓ Porque no todos los niños aprenden escuchando... y no todo se aprende sentado.

🛐 Tiempo devocional

Ya sea con un cuaderno, una lectura corta, o un versículo en la pared.
✓ Porque una herramienta espiritual sencilla puede abrir puertas que ningún currículo académico puede tocar.

¿Y si tú misma eres la herramienta más poderosa?

Tu historia.
Tu voz.
Tu presencia.
Tu discernimiento.
Tu manera de detenerte a explicar algo que a ti nunca te explicaron.

Eso… también forma.
Eso… también transforma.

No necesitas más cosas.
Solo necesitas claridad sobre quién eres, a quién estás formando…
y qué semilla estás llamada a sembrar en esta temporada.

Desde ahí, cualquier herramienta se convierte en una extensión de tu llamado.

Y en tus manos, mamá…
aun lo sencillo se vuelve sagrado.

Capítulo 15

¿Y YO?
EL ESPACIO QUE TU TAMBIEN TE MERECES

A veces parece que para ser buena madre tienes que desaparecer. Hay una frase que me han dicho muchas madres: "Yo soy la última en la lista."

Y lo entiendo. Porque he estado ahí. Te has convertido en maestra, enfermera, chef, chofer, consejera, esposa... y entre todos esos sombreros, se te olvida que también eres hija, mujer, persona, con sueños, con límites, con un alma que también necesita cuidado.

En el torbellino del homeschool, entre lecciones de matemáticas y meriendas derramadas, a veces parece que cuidarnos es un lujo que no podemos darnos. Pero déjame decirte una verdad con amor y firmeza:

Tú eres el pilar. Y si tú te quiebras, todo tambalea.

Este capítulo no se trata de spa days (aunque los aplaudo). Se trata de redescubrir a la mujer que sigue viva dentro de la mamá. Esa mujer que soñaba, que tenía ideas, que amaba escribir o pintar o simplemente caminar sin prisa.

Es necesario, para un hogar y homeschool feliz, que consideres los siguientes pasos...

🔎 **1. Identifica lo que te nutre (espiritualmente, emocionalmente, creativamente)**

No todas necesitamos lo mismo.

Adele Morales

Para algunas, es tiempo a solas.
Para otras, una taza de café con una amiga.
O abrir la Biblia sin prisa. O bailar en la cocina.
Haz una lista. Escríbela. Pégala donde la veas.

🔎 2. Pide lo que necesitas, sin culpa

Un hogar saludable empieza con una madre nutrida.
Emocional, espiritual y físicamente. No lo pospongas más.
Tu familia necesita tu plenitud, no tu perfección.

No estás fallando por decir "hoy necesito ayuda", "me voy a acostar temprano" o "quiero una tarde para mí." Estás modelando autocuidado con madurez. Y tus hijos lo están viendo.

🔎 3. Siembra en ti para cosechar en tu hogar

Una madre en paz enseña con gracia.
Una madre que ríe con libertad da permiso para el gozo.
Una madre que se escucha… escucha mejor a sus hijos.

Tú no fuiste llamada a desaparecer en la crianza. Fuiste llamada a brillar en medio de ella. Y ese brillo no es egoísmo. Es obediencia a un Dios que también se deleita en ti.

Momento de Renovación:

- ¿Cuándo fue la última vez que estuviste en silencio sin culpa?

- ¿Qué te haría sentir viva esta semana?
- ¿Qué puedes delegar para respirar?

📝 *Activa tu visión*

Escribe una lista de "pequeños actos de amor propio" que puedes incorporar este mes. Elige uno por semana. Escríbelo en tu pizarra. Y cúmplelo como cumples tus planes de clase.

Tú también estás siendo educada. En paciencia. En entrega. En fe. Y mereces ese mismo cuidado que entregas sin medida.

Cuidar de ti no es egoísmo, es obedecer tu diseño.

Capítulo 16

UN LEGADO QUE NO SE BORRA

Lo que estás sembrando ahora hablará por ti mucho después

Hay cosas que el idioma no puede traducir.
Palabras que pierden su peso cuando las pasas de una lengua a otra.
Sentimientos que solo se entienden si también se han vivido.

Pero el legado, ese que estás sembrando con tanto esfuerzo, ese no depende del idioma.
Ese permanece.

Tu legado no está en las hojas que completan

Está en los valores que transmites.

No está en qué tan fluido hablen español.
Está en cómo entienden su historia, su herencia, su llamado.

No está en cuántas materias estudien
Está en cómo se enfrentan al mundo con fe, firmeza y compasión.

Y ese tipo de formación… trasciende idiomas.

Lo que no se traduce, se encarna.

Tus hijos quizás no digan "mamá me enseñó español" …
pero sí dirán:

- "En casa siempre comíamos juntos."

Adele Morales

- "Mi mamá me hablaba de Dios con honestidad."

- "Nunca me sentí tonto por equivocarme."

- "Mi mamá me contaba historias de su infancia, y me sentía parte de algo más grande que yo."

- "Ella siempre decía que mis palabras tenían poder."

Eso... no se enseña con lecciones.
Se transmite con vida.

¿Qué estás dejando sin darte cuenta?

A veces pensamos que el legado es algo que dejamos al final.

Pero la verdad es esta:
Lo estás dejando ahora.
Con cada reacción.
Con cada ajuste.
Con cada decisión que tomas entre hacer "lo esperado" y hacer "lo que resuena con tu fe".

El legado no es una cápsula del tiempo.
Es una impresión diaria.

Cuando ya no estés corrigiendo... tu voz seguirá

Un día tus hijos harán familia.
Un día enseñarán a otros.
Y cuando lo hagan, sus palabras —aunque no lo digan—
llevarán tu semilla.

Tus frases favoritas.
Tus oraciones en voz alta.
Tus versículos colgados en la nevera.
Tu forma de resolver el conflicto.
Tu tono cuando les hablabas con amor, aunque estabas cansada.

Ese es el verdadero legado.
Y no necesita ser traducido.
Porque ya está impreso en lo profundo.

No estás criando para este momento.
Estás formando para la eternidad.

Cada palabra, cada historia, cada oración, cada decisión…
puede parecer pequeña.
Pero cuando se hace con intención, con fe, con presencia…
se vuelve semilla de legado.

Y eso no se borra.
No importa en qué idioma vivan.
No importa a qué país vayan.
No importa qué sistema enfrenten.

Tu legado, sembrado con propósito,
va con ellos.

Adele Morales

Estás formando generaciones, aunque solo veas un hijo frente a ti. Estás escribiendo historia, aunque no tengas un micrófono.

Y lo que estás construyendo —día tras día, oración tras oración— no necesita traducción para cambiar el mundo.

Capítulo 17

EL FUTURO NO SE HEREDA: SE CONSTRUYE

Adele Morales

Hay un mito silencioso que muchas madres creemos: que con solo amar a nuestros hijos, ellos tendrán un buen futuro.

Pero el amor, aunque es la base... necesita ser intencionalmente dirigido. Y eso es lo que hace la diferencia entre una crianza que repite patrones... y una que rompe ciclos.

El homeschool no es solo una alternativa educativa. Es una herramienta para formar arquitectos del futuro.

Lo que viene después de ti depende de lo que siembras hoy

Muchos creen que el futuro se recibe.
Como una promesa.
Como una bendición automática.
Como algo que simplemente "les tocará" a nuestros hijos si hacemos lo correcto.

Pero esa es una verdad incompleta.
Porque el futuro —el que vale la pena vivir— no se hereda.
Se construye.

Y tú estás construyéndolo...
cada día, aunque no te des cuenta.

El peligro de confiar solo en el sistema

No importa cuán bien intencionado sea el sistema.

Ningún currículo, ninguna institución, ningún maestro externo puede reemplazar lo que tú estás formando con tu vida.

Porque el sistema no conoce:

- Tu fe
- Tu historia
- Tus valores
- Tu lengua
- Tu visión

Solo tú puedes construir una educación que prepare a tus hijos para enfrentar el mundo… sin perder el alma en el intento.

¿Y qué significa construir el futuro?

Significa tomar decisiones hoy que parezcan pequeñas, pero que en el cielo se celebran como eternas.

Significa:

- Hablar en español, aunque respondan en inglés

Adele Morales

- Enseñar versículos, aunque no parezcan interesados
- Corregir con gracia, aunque estés agotada
- Elegir conexión antes que contenido
- Sembrar verdad cuando el mundo grita confusión

📌 *Cada decisión tuya hoy... es un ladrillo en el futuro que ellos habitarán.*

Estás construyendo puentes entre generaciones

Tal vez tú no tuviste una madre que te hablara de propósito. Tal vez nadie te modeló cómo enseñar con ternura y firmeza. Tal vez tú eres la primera de tu linaje en decidir que la fe, la cultura y la educación sí pueden coexistir.

Eso no es casualidad.

Tú fuiste elegida para comenzar algo nuevo.

Y lo que tú construyas,
lo van a cruzar otros después de ti.

¿Qué tipo de futuro estás levantando?

No te lo preguntes con culpa.
Pregúntatelo con visión.

Porque tú no estás criando para repetir el pasado.
Estás formando hijos para que vivan con claridad en medio del ruido,
con identidad en medio de la confusión,
con paz en medio del caos.

Ese tipo de personas no aparecen por accidente.
Se forman.
Se forjan.
Se construyen.
En casa.
Contigo.

Tu misión no termina cuando cierras el libro

Tu misión apenas comienza.

Este libro no fue una guía académica.
Fue un recordatorio:
De que tú eres arquitecta de destino.
De que tu enseñanza tiene peso eterno.
De que el futuro está esperando madres que no solo reaccionen…
sino que construyan con intención.

No heredes lo que no vale.
Construye lo que sí importa.

No imites modelos que no te representan.
Diseña una educación con propósito eterno.

Porque al final, tus hijos no recordarán si tu homeschool fue perfecto…

Adele Morales

Pero sí sabrán si su futuro fue posible
porque una madre como tú tuvo la valentía de empezarlo todo.

Capítulo 18

UNA REVOLUCION EN VOZ BAJA

Adele Morales

No había cámaras.
No había medallas.
Solo una madre, arrodillada en el suelo, recogiendo crayones rotos mientras oraba en voz baja por la vida de sus hijos.

Ese momento no salió en las redes. No se aplaudió.
Pero ahí, en ese acto invisible, se sembró una revolución.

Y no está sucediendo en silencio para unas pocas.

De hecho, en el ciclo 2023-2024, el 90% de los estados reportaron incremento en el número de homeschoolers en EE.UU. No estás sola. Estás sembrando en un terreno fértil. Este movimiento está creciendo, y lo estás impulsando. (Fuente: Johns Hopkins Homeschool Research Lab & CNA / Angelus News (2024)).

Y es que la historia se transforma, no en grandes escenarios, sino en las decisiones diarias de mujeres que eligen amar con intención y enseñar con propósito.

Porque no todas las batallas se luchan en las calles

Hay revoluciones que hacen ruido.
Y hay otras que ocurren en silencio.

Mientras el mundo corre, produce, grita, debate y exige…
tú estás enseñando en la sala.
Orando en la cocina.
Leyendo la Palabra en voz alta mientras haces arroz.
Corrigiendo con gracia.
Decidiendo todos los días amar otra vez.

Y nadie lo ve.
Nadie lo aplaude.
Pero el cielo lo registra.

Eso…
es una revolución en voz baja.

Lo que estás haciendo no es pequeño

El enemigo quiere hacerte creer que tus días no tienen impacto.
Que nadie nota tus esfuerzos.
Que educar en casa es "nada del otro mundo".

Pero eso es mentira.
Porque cada vez que eliges formar con fe,
cada vez que enseñas con ternura,
cada vez que siembras…
el idioma,
la Palabra,
el amor propio,
la identidad…
estás interrumpiendo un patrón generacional.

Estás levantando una nueva historia.
Estás desafiando el molde.
Estás liberando.

Eso es revolución.

Y tú lo haces sin alzar la voz,
pero con un espíritu firme y decidido.

Adele Morales

Jesús también comenzó en casa

Su ministerio público fue poderoso.
Pero su formación sucedió en silencio.

Con una madre que dijo "sí"
con un hombre que creyó
con un hogar que obedeció
aunque nadie entendía lo que estaban criando.

Y lo que criaron —en voz baja—
cambió la historia para siempre.

Tú no estás criando por criar.
Estás formando propósito eterno.

Esta revolución no se mide en seguidores

No necesitas una cuenta viral.
No necesitas reconocimiento externo.

Necesitas visión.
Convicción.
Presencia.

Porque la transformación que viene por educar con propósito,
fe y cultura no será televisada.
Será vivida.
Pasada de generación en generación.
Contada en forma de testimonio, de vida coherente, de hijos
que aman su historia y su Creador.

Mamá, no estás sola

Somos muchas. Mamás como tú, como yo, que estamos despertando una revolución en voz baja. Si quieres ser parte de esta comunidad, aprender más, o recibir mentoría directa, puedes acompañarme en cortoydulcehomeschooling.com.

Estamos todas en distintos estados, países, zonas horarias, niveles de español, denominaciones, estilos de enseñanza… pero con una misma pasión:

No ceder ante la presión.
No renunciar a lo que Dios nos confió.
No delegar lo que solo nosotras podemos formar.

Tú formas parte de una revolución silenciosa.
Una que no necesita pancartas.
Solo madres dispuestas.
Como tú.

Sigue.
Aunque nadie lo entienda.
Aunque a veces no se vea.
Aunque lo que hagas no tenga likes…

Porque esta revolución —la que empieza en casa, con propósito, con fe y con tu voz—
es la que más transforma.

Y aunque sea en voz baja…
el mundo ya está escuchando.

Adele Morales

📖 *Activa tu visión*

Escribe una carta (aunque sea breve) a tus hijos. Diles lo que sueñas para ellos, lo que estás sembrando hoy, y lo que esperas que nunca olviden de su historia.
Guárdala. Léela en los días en que te preguntes si vale la pena.

Epílogo

Adele Morales

YA NO NECESITAS PERMISO

Siempre soñé con una mesa larga, no solo con sillas para mis hijos, sino espacio para generaciones, un lugar donde las historias pasen de boca en boca, donde el español y el inglés convivan sin competencia, donde la fe no se esconda, sino que se celebre.

Este libro fue mi visión de extender esa mesa…. hasta ti.

Sé que el camino del homeschool bilingüe no siempre es claro. Hay días que parece que enseñas sin fruto, corriges sin cambio, siembras sin ver cosecha. Pero en esos días (sobre todo en esos días), estás construyendo algo sagrado. Estás dejando huella donde nadie más pisa.

El homeschool bilingüe no es un proyecto. Es una semilla. No es una carga. Es un llamado. No es solo una forma de enseñar… es una manera de transformar generaciones.

Si llegaste hasta aquí, no fue casualidad.

Llegaste porque ya estabas despierta.
Porque algo dentro de ti —aunque sea en susurros— sabía que el homeschool bilingüe no era una carga… sino un llamado.

Y ese llamado no se basa en cuántos libros termines,
ni en qué tan bien domines el idioma,
ni en si tus días se ven como los de las demás.

Ese llamado se sostiene sobre una sola verdad:

***Tú fuiste equipada por Dios para formar, guiar, amar y enseñar.
A tu manera. En tu cultura. En tu idioma. En tu fe.***

Deja de buscar validación donde no necesitas permiso

Tú no necesitas que alguien te diga que lo estás haciendo bien.

Tú necesitas recordar lo que ya sabes:

Adele Morales

- Que tu presencia cambia atmósferas.
– Que tu lengua es puente, no estorbo.
– Que tus hijos no necesitan perfección, sino verdad.
– Que tu hogar es terreno sagrado.
– Que tu voz —aunque tiemble— sí tiene poder.

Que nunca olvides...

Que fuiste escogida para sembrar en una generación que tal vez
nunca se arrodillará en un salón...
pero sí se inclinará para levantar a otros.

Que educar en casa no es un sacrificio solitario,
sino un acto profético.

Que no estás improvisando.
Estás discipulando.

Y que este libro no fue el fin de tu búsqueda,
fue el principio de tu confianza.

Y si un día dudas (porque vas a dudar) ...

Domina el homeschool bilingue

Vuelve a estas páginas.
Vuelve a las promesas.
Vuelve a tu por qué.

Y sobre todo,
vuelve a la voz que te llamó antes que cualquier sistema, blog o tendencia:

La voz que te dijo:
"Yo estaré contigo, todos los días."

Gracias por caminar este libro conmigo.
Gracias por no soltar el llamado.
Gracias por ser parte de algo que el mundo no entiende...
pero el cielo celebra.

No estás sola.
No estás tarde.
No estás fallando

Sigue caminando.
Domina tu ritmo.
Domina tu hogar.
Domina tu llamado.

Domina el homeschool bilingüe... y deja que el mundo vea lo que solo Dios y tú estaban formando en lo secreto.

Adele Morales

Lo que sigue...

Porque esto no fue solo un libro. Fue una puerta.

Si llegaste hasta aquí, es porque este libro no solo te habló. Te activó.
Y quizás ahora sientes ese deseo de no hacerlo sola.

Por eso, quiero invitarte a seguir caminando juntas.

◆ ¿Te gustaría recibir guía personalizada para crear un homeschool con paz y propósito?

◆ ¿Quieres formar parte de una comunidad de madres que crían entre culturas, lenguas y fe?

◆ ¿Necesitas claridad, estructura y dirección espiritual para tu próxima temporada?

Entonces **te invito a conocer los espacios que he creado con amor y visión** para mujeres como tú.

◆ **Madres en Otro Nivel** — Mi programa de transformación para homeschoolers bilingües que desean enseñar desde el diseño de Dios, no desde el sistema.

♦ **La Biblioteca Virtual** — Recursos prácticos, guías, cursos y mentorías para fortalecer tu camino con estrategia y fe.

♦ **Acompañamiento personal o grupal** — Coaching 1:1 y sesiones grupales para ayudarte a educar, emprender o reestructurar tu vida con intención.

☐ Encuentra todo en:
☞ www.cortoydulcehomeschooling.com
☞ Sígueme en Instagram o Facebook

No tienes que saberlo todo.
Solo necesitas **dar el próximo paso con intención.**
Aquí estaré, si decides caminarlo conmigo.

Gracias por leer y compartir este libro, me honraría si nos escribes un review honesto en Amazon. Puedes escribirlo aquí:

Amazon.com/review/create-review?&asin=B0FH1STFHN

Adele Morales

MANIFIESTO:

DE LA MADRE HOMESCHOOLER QUE CRIA ENTRE DOS MUNDOS

Domina el homeschool bilingue

Yo soy una madre nacida con propósito.
No fui escogida al azar. Fui llamada a criar, enseñar y edificar...

Aunque el mundo me diga que no soy suficiente,
yo camino con la certeza de que fui equipada por Dios
para esta misión sagrada.

Yo enseño con el alma, no solo con libros.
Cada conversación, cada error, cada abrazo,
es parte de una educación eterna.
Mis hijos no solo memorizan datos:
aprenden a vivir, a creer, a amar.

Yo celebro mi cultura y la siembro en mi hogar.
Porque mis raíces no son una barrera,
son el puente que conecta generaciones.
Mis hijos son herederos de dos mundos,
y los guiaré a caminar con firmeza en ambos.

Yo no me comparo, me consagro.
No fui llamada a replicar el camino de otras,
sino a recorrer el mío con valentía y gracia.
Mi hogar no necesita perfección, necesita presencia.
Y yo estoy aquí, presente, sembrando legado.

Adele Morales

Yo confío en que Dios guía mi jornada.
En los días buenos, lo alabo.
En los días difíciles, me aferro.
Porque no camino sola.
Y lo que Él comenzó en mí... también lo perfeccionará.

Yo soy una madre que cría entre mundos...
y cada día, estoy construyendo el tipo de historia
que mis hijos un día contarán con orgullo.

Este manifiesto está disponible como regalo descargable para imprimir y colgar en tu espacio de enseñanza. Encuéntralo en: www.cortoydulcehomeschooling.com/libro

Domina el homeschool bilingue

CARTAS DEL CORAZON

PARA LEER CUANDO MAS LO NECESITAS

Adele Morales

A mi "yo" del primer año de homeschool

Hola, mamá valiente,

Sé que estás cansada, que dudas, que te preguntas si esto fue buena idea.
Sé que hay días en que terminas llorando en el baño, con la culpa encima y el café frío.
Pero quiero que sepas algo: no estás fallando. Estás aprendiendo. Y eso ya es una victoria.

No necesitas hacerlo como otras.
Necesitas hacerlo como tú: con tus pausas, tus acentos, tus imperfecciones... y tu propósito.

Los días duros no significan que estás en el camino equivocado.
Significan que estás **cambiando el camino para quienes vienen detrás de ti.**

Sigue.
Suelta lo que no es tuyo.
Abraza el ritmo del cielo.
Y recuerda: Dios no te llama a lo perfecto. Te llama a lo presente.

Con ternura,

Tu "yo" del futuro... más libre y segura.

A mi hija del futuro

Hija mía,

Tal vez no recuerdes todas las lecciones.
Tal vez olvides algunas fechas, algunos libros, incluso mis errores.

Pero si algo quiero que siempre recuerdes es esto:
te amé con intención.

Cada vez que elegí enseñarte en casa, lo hice con la esperanza de que supieras quién eres.
De que aprendieras a pensar, no solo a responder.
De que amaras tus raíces, tu voz, tu historia.

Si un día enseñas a tus propios hijos, no te preocupes por repetir lo mismo.
Solo siembra con amor. Enseña con tu vida. Y deja que Dios haga crecer el resto.

Tú eres parte del legado.
Eres mi oración respondida.
Eres el futuro que soñé mientras corregía tareas en la cocina.

Con todo mi amor,
Tu mamá

Adele Morales

A la mamá que está por rendirse

Querida tú,

Hoy solo quiero decirte: **te entiendo.**

Hay días que duelen. Días que confunden. Días que agotan.
Pero no confundas el cansancio con falta de llamado.
Tú no estás aquí por accidente. Fuiste elegida.

No tienes que tener todas las respuestas hoy.
Solo tienes que dar el siguiente paso.
Uno pequeño. Uno con fe.

Respira.
Ora.
Escribe una afirmación.
Lee un versículo.
Abraza a tu hijo aunque no entendió nada de matemáticas.

Y si hoy necesitas parar, hazlo.
Dios no mide tu valor por lo que lograste, sino por tu fidelidad en medio del caos.

Tú no estás sola.
Y esto… todavía no termina.

Con fe,
Otra madre que sigue caminando contigo

PREGUNTAS FRECUENTES

Adele Morales

Preguntas reales de madres homeschoolers que crían y educan entre 2 mundos:

1. ¿Y si mi hijo ya no quiere hablar español?

No lo obligues. Invítalo. Conecta el idioma con emociones, momentos agradables y pertenencia.
Leer juntos, cocinar, orar o ver películas en español sin presión puede reactivar el deseo.
Recuerda: el idioma florece mejor donde hay gozo, no obligación.

2. ¿Qué hago si mi pareja no apoya el homeschool bilingüe?

Empieza por la conversación, no por la confrontación.
Expón tu visión con respeto, muestra frutos (aunque sean pequeños) y sé paciente.
Muchas veces, el apoyo llega cuando se ve la transformación más que el argumento.

3. ¿Cómo sé si lo estoy haciendo "bien"?

Hazte esta pregunta en su lugar:
¿Estoy sembrando con amor, propósito y constancia?
Los frutos no siempre se ven en el trimestre... pero sí se

revelan en el tiempo.
Confía en la semilla, no solo en el resultado inmediato.

4. ¿Y si yo misma no me siento segura hablando español?

Perfecto. Estás en el lugar ideal: creciendo junto a tus hijos.
Muéstrales que los adultos también aprenden, también se equivocan, también perseveran.
Lo más importante no es la gramática... es el vínculo.

5. ¿Cuál es el mejor currículo bilingüe?

El que se adapta a tu visión, a tu ritmo, y a tu realidad familiar.
No necesitas uno costoso ni perfecto.
Usa lo que tienes, ajusta lo que no fluya, y recuerda que **tú eres el currículo más poderoso**.

6. ¿Y si mis hijos tienen edades muy diferentes?

Crea bloques familiares donde todos puedan participar (como lectura, arte, Biblia),
y momentos personalizados por edad para materias específicas.
También puedes usar a los mayores como mentores de los más pequeños: ¡eso también educa!

7. ¿Cómo integro mi fe sin forzarla?

Vívela. Ora en voz alta. Comparte tus luchas.
Haz preguntas, no solo enseñanzas.
La fe no se impone. Se contagia con ejemplo, ternura y autenticidad.

8. ¿Qué pasa si tengo que volver a la escuela tradicional?

No es fracaso. Es una decisión.
Todo lo que sembraste en casa sigue ahí.
Y puedes seguir educando con intención, aunque sea en otro contexto.

9. ¿Cómo evalúo el progreso sin calificaciones?

Observa hábitos, actitudes, conexiones.
¿Tu hijo habla con más confianza? ¿Lee con más interés? ¿Aplica lo que aprende?
Esos frutos no siempre caben en una hoja de notas, pero son los que transforman el alma.

10. ¿Cómo mantengo mi motivación?

Rodéate de comunidad. Lee este libro otra vez. Ora.
Y recuerda tu por qué:
no estás educando solo para hoy, estás dejando legado.

MINI GUIAS PRACTICAS

Herramientas claras para mujeres que enseñan con propósito

Adele Morales

Guía 1: Cómo empezar si no sabes por dónde

1. Define tu "por qué" antes del "cómo"
Pregúntate:
– ¿Por qué quiero educar en casa?
– ¿Qué deseo preservar en mi hogar que no encuentro afuera?
– ¿Qué quiero que mis hijos recuerden de su infancia?

📌 *Escribe tu respuesta y colócala en tu espacio de enseñanza. Es tu brújula.*

2. No compres nada todavía
Espera. Observa. Ora. Conócelos.
La herramienta correcta vendrá cuando tengas claridad de lo que realmente necesitas.
Empieza con papel, libros que ya tienes y conversaciones reales.

3. Comienza con 3 bloques al día:

- Mañana de lectura y conversación

- Mediodía creativo o cultural

- Tarde de fe o conexión espiritual

Y eso… es más que suficiente.

4. Pregúntate cada semana:
— ¿Qué está funcionando?

Domina el homeschool bilingue

— ¿Qué nos drena?
— ¿Qué aprendimos esta semana que no estaba en el plan?

Haz ajustes con gracia, no con culpa.

Adele Morales

Guía 2: Cómo elegir recursos sin perder tu identidad

1. Evalúa el recurso con estas 3 preguntas:
– ¿Afirma mi fe?
– ¿Respeta mi cultura?
– ¿Es adaptable a mi ritmo familiar?

Si responde "no" a dos o más… no lo necesitas.

2. Prioriza materiales que te conecten con tu hijo, no que lo separen de ti.
El mejor currículo es el que promueve conversación, risas, y crecimiento compartido.

3. Revisa siempre lo siguiente:

- Idioma principal

- Nivel de lectura

- Si permite flexibilidad

- Si inspira, no solo informa

☐ *Y si está en inglés pero te encanta… tradúcelo tú, poquito a poco. Eso también es educación bilingüe.*

Guía 3: Cómo crear un ritmo semanal flexible

1. Crea bloques, no horarios rígidos
📌 Ejemplo:

- *Mañana académica (9–11am)*
- *Tarde de vida práctica (2–4pm)*
- *Tiempo de lectura libre antes de dormir*

Esto permite estructura sin presión.

2. Reserva un día al mes para reír, parar, observar.
Llámenlo "Día del descanso", "Día cultural" o "Viernes sin libros".

Ese día también educa.
El descanso también forma.

3. Involucra a tus hijos
Cada domingo, pregúntales:
– ¿Qué quieren aprender esta semana?
– ¿Qué les gustaría repetir?
– ¿Qué fue difícil?

Formas hijos más comprometidos cuando sienten que su voz cuenta.

Adele Morales

Guía 4: Cómo incorporar el español si ya casi no se habla en casa

Estrategias reales para revivir el idioma con amor y conexión

☐ 1. Comienza por ti, sin culpa

No te sientas mal si el español se ha ido perdiendo.
Eso no te descalifica.
Solo significa que ahora **puedes elegir hacerlo diferente.**

Empieza por usar frases cortas, cotidianas, sin corregirte todo el tiempo:

– *Ven, siéntate conmigo*
– *¿Quieres agüita?*
– *Dios te bendiga, mi amor*
– *Te quiero mucho*

La repetición cotidiana reconstruye puentes silenciosos.

☐ 2. Usa el idioma en momentos de ternura

Muchos niños resisten el español porque lo asocian con corrección o dificultad.
Cámbiales la percepción.

✅ Léele un cuento en español mientras le acaricias el cabello.
✅ Ora en español por él antes de dormir.
✅ Canten una canción de tu infancia mientras cocinan.

El español se recuerda mejor **cuando está ligado a emociones cálidas.**

☐ 3. Establece rituales bilingües

La clave no es hacer todo en español...
es hacerlo **con intención**.

Aquí algunos ejemplos simples que puedes implementar esta semana:

- *Lunes de lectura en español*
- *Miércoles de música latina*
- *Domingos de receta familiar*
- *Devocionales bilingües antes de dormir*

Un día, una canción, una frase... es mejor que nada.

☐ 4. Usa tus debilidades como oportunidades

¿Te cuesta leer en voz alta en español? Dilo en voz alta:

Adele Morales

"Mami también está aprendiendo. ¿Me ayudas a leer esta palabra?"

Conviértelo en algo colaborativo, no en una carga.
Y verás cómo tu vulnerabilidad genera confianza.

☐ 5. Crea un rincón visual del español

Designa un espacio pequeño en casa donde:

- Pegues palabras clave del día
- Tengas libros o tarjetas de vocabulario
- Coloques versículos o frases en español

📌 Que ese rincón diga: *"Aquí también se honra mi idioma."*

Mini tarea:

Haz una lista de 10 frases que quieres que tus hijos recuerden en español cuando ya no vivan contigo.
Úsalas intencionalmente esta semana.

📌 Ejemplo:
– *Estoy orgullosa de ti*
– *Eres un regalo de Dios*
– *Todo lo puedes en Cristo*

No necesitas dominar el idioma.
Solo necesitas **decidir** que tu voz también tiene raíz.

Adele Morales

<u>Guía 5</u>: Cómo evaluar el progreso sin calificaciones

Ver los frutos donde otros solo ven números

☐ 1. Cambia la pregunta: de "¿va al día?" a "¿está creciendo?"

Muchos sistemas educativos miden el éxito con pruebas. Pero el verdadero aprendizaje —especialmente en casa— **no siempre cabe en una rúbrica.**

Pregúntate mejor:

- ¿Mi hijo tiene más confianza que el mes pasado?
- ¿Está más curioso? ¿Más conectado?
- ¿Aplica lo aprendido en la vida diaria?

Esa es la evaluación que sí transforma.

☐ 2. Observa, no solo califiques

Haz una lista simple con tres columnas:

ÁREA	EVIDENCIA VIVA	NOTAS PARA AJUSTES
Lectura	Leyó un cuento solo en español	Aún se frustra con palabras largas
Escritura	Escribió una carta a su abuela	Necesita apoyo con tildes
Fe y valores	Oró por su hermana voluntariamente	Profundizar en versículos

Evalúa con ojos de propósito, no de presión.

☐ 3. Usa la conversación como herramienta

Habla con tus hijos:
– ¿Qué fue lo más interesante que aprendiste esta semana?
– ¿Qué te gustaría mejorar?
– ¿Qué crees que hiciste bien?

Estas preguntas activan **reflexión, autorregulación y autoconocimiento.**

Y de paso, te ayudan a ver cómo piensan, no solo qué saben.

☐ 4. Registra progreso de forma visual

Puedes usar un cuaderno o una pared especial del hogar para anotar:

- Nuevas palabras aprendidas

Adele Morales

- Preguntas profundas que hicieron

- Logros pequeños (ej: leyó en voz alta sin ayuda, explicó un concepto a un hermano)

Al final del mes, ¡celebren! Hagan una merienda de "logros del alma".

☐ 5. Recuerda que los frutos eternos no se miden en hojas

– La paciencia que está aprendiendo tu hijo…
– La fe que crece en tu hija…
– La conexión que tienen al leer juntos…

Todo eso **vale más que cualquier examen.**

Mini tarea:
Haz una lista con 5 logros no académicos de tu hijo esta semana.

Ejemplo:

- Se ofreció a ayudar sin que se lo pidiera

- Terminó una actividad sin quejarse

- Recordó un versículo de memoria

- Mostró interés en aprender algo nuevo

- Expresó una emoción con palabras

Esos logros… también cuentan.

Adele Morales

HISTORIAS REALES

Case Study 1:
Lucía, mamá inmigrante con miedo a "hacerlo mal"

Lucía llegó a EE.UU. con una hija de 5 años y un bebé en brazos.
Su inglés era limitado, pero su amor por la educación era inmenso.
Al principio, pensó que debía "ponerse al día" con el sistema.

Quería que sus hijos hablaran inglés "sin acento", que tuvieran acceso a todo lo que ella no tuvo.

Pero algo dentro de ella no encajaba.
No quería que su idioma se perdiera.
No quería que sus hijos tuvieran que traducirse para encajar, como ella.

Decidió educar en casa, aunque le temblaban las manos.
Compró materiales en español, se unió a un grupo de apoyo, y comenzó a leer la Biblia en voz alta cada mañana.

"Me di cuenta que no necesitaba saber todo… solo necesitaba empezar con lo que sí tenía: mi voz, mi historia, mi fe."

Hoy, su hija mayor lee novelas en ambos idiomas.
Y su hijo pequeño ora por ella en español antes de dormir.

Adele Morales

Case Study 2:
Carmen, mamá profesional que soltó el perfeccionismo

Carmen era gerente de proyectos en una firma de tecnología.
Organizada. Precisa. Eficiente.
Cuando decidió educar en casa, pensó que su capacidad de planificar lo haría todo más fácil.

Pero pronto se dio cuenta de algo:
sus hijos no eran proyectos.
Eran personas.

Se frustraba cuando no seguían el horario.
Lloraba en silencio cuando los días no salían como esperaba.

Hasta que una amiga le dijo:

"Tú no estás fallando. Solo estás aplicando las herramientas correctas en el terreno equivocado."

Soltó la rigidez.
Empezó a planificar desde la paz, no desde la presión.
Y lo más importante: **aprendió a dejar espacio para la gracia.**

Hoy, su hogar tiene estructura, sí.
Pero también tiene risas, pausas, canciones en español y tiempo para hablar de Dios… aunque no esté en el plan del día.

Case Study 3:
Paola, mamá bicultural con hijos que rechazaban el español

Paola nació en EE.UU., hija de padres mexicanos.
Su español era funcional, pero lleno de huecos.
Y sus hijos, desde pequeños, empezaron a rechazar el idioma:
"No quiero hablar como abuelita."

"No entiendo."
"¿Por qué no hablamos inglés como todos?"

Ella lo intentó todo: canciones, cuentos, reglas.
Pero el idioma se sentía impuesto. Tenso.

Hasta que algo cambió:
empezó a **vivir el idioma, no solo enseñarlo.**
Puso música mientras cocinaban.
Les habló de su infancia.
Les escribió cartas.
Y dejó de corregir tanto… y empezó a conectar más.

"Cuando solté el miedo a hacerlo mal, ellos soltaron la resistencia."

Hoy, sus hijos mezclan idiomas con libertad y orgullo.
Y aunque no hablan "perfecto", entienden que el español es parte de su identidad, no una obligación académica.

Adele Morales

Case Study 4:
Rebeca, mamá soltera que educa con propósito, no con perfección

Cuando Rebeca decidió educar en casa, no tenía apoyo.
Ni pareja. Ni familiares cercanos. Ni ingresos estables.

"¿Estás loca?" —le dijeron.
"Eso es para mamás que tienen tiempo y dinero."

Pero lo que ella tenía era otra cosa:
una convicción clara de que **el corazón de su hijo necesitaba más que una educación estándar.**

Al principio, fue duro.
Hacía turnos nocturnos para poder estar en casa durante el día.
Usaba libros prestados.
Y muchas veces dudó.

Pero cada vez que su hijo la miraba mientras le leía un cuento en español,
cada vez que oraban juntos,
cada vez que él decía "mamá, quiero que tú me enseñes esto"…
ella recordaba su por qué.

"No tengo mucho, pero tengo presencia. Y con eso, mi hijo está floreciendo."

Hoy, su hijo es curioso, sensible, habla con seguridad y sabe —con absoluta certeza— que su mamá creyó en él antes que nadie.

Domina el homeschool bilingue

Adele Morales

Case Study 5:
Ángela, mamá que sacó a sus hijos del sistema escolar para volver a casa

Ángela no empezó haciendo homeschool.
Sus hijos estuvieron en la escuela pública por años.
Y al principio todo parecía ir bien.
Buenos maestros, notas aceptables, vida "normal".

Pero algo dentro de ella se rompió cuando su hija le dijo:
"En la escuela no puedo decir que creo en Dios. Me miran raro."

Fue como si la venda se cayera.
Empezó a observar de cerca.
Y lo que vio le dolió: cansancio emocional, falta de identidad, pérdida del idioma, disociación cultural.

Así que decidió traerlos a casa.

No fue fácil.
Sintió miedo.
Se sintió juzgada.
Tuvo que desaprender mucho.

Pero en ese proceso descubrió algo más fuerte que el miedo: **la paz de enseñar con intención.**

Hoy, sus hijos estudian con alegría.
Su hogar respira lenguaje, propósito y fe.
Y ella, lejos de sentirse sola, se siente alineada con su llamado.

AFIRMACIONES Y PROMESAS

Adele Morales

❈ Esta eres tú, cuando te recuerdas

Querida lectora,

Antes de cerrar estas páginas, quiero dejarte algo más.
No un consejo. No una instrucción.
Sino una herramienta sagrada:
palabras que te devuelven a ti.

Porque en este camino —tan hermoso y tan intenso—
habrá días en que dudarás otra vez.
Días en que olvidarás lo que Dios ya afirmó.
Días en que sentirás que perdiste el centro.

Y en esos días, no corras a buscar más información.
Vuelve a estas palabras.
Léelas en voz alta. Escríbelas en tu espejo. Guárdalas en tu corazón.

Estas frases no te pertenecen porque salieron de mí.
Te pertenecen porque fueron sembradas en ti desde el cielo.

Con amor,

Adele

Afirmaciones para mi alma de madre-maestra

- Yo no necesito permiso para enseñar. Ya fui equipada por Dios.

- Mi voz bilingüe es parte de mi legado. No necesito corregirla para ser escuchada.

- Mis hijos no necesitan una madre perfecta. Necesitan una madre presente.

- Estoy formando generaciones, no solo cumpliendo con un currículo.

- Cada día vivido con intención es un día ganado para la eternidad.

- No estoy sola. Estoy acompañada por la gracia.

- Lo que Dios me dio —mi historia, mi idioma, mi fe— es suficiente para guiar.

- El progreso verdadero no siempre se ve… pero siempre se siente en la paz.

Adele Morales

- Enseñar desde la fe es sembrar con la eternidad en mente.

- Estoy criando con raíces profundas y alas ligeras. Eso es formar libertad.

Promesas de Dios para sostener mi llamado

📖 *"Dios no nos ha dado espíritu de cobardía, sino de poder, de amor y de dominio propio."*
—2 Timoteo 1:7

📖 *"Instruye al niño en su camino, y aun cuando fuere viejo no se apartará de él."*
—Proverbios 22:6

📖 *"Tú guardarás en completa paz a aquel cuyo pensamiento en ti persevera."*
—Isaías 26:3

📖 *"Todo lo puedo en Cristo que me fortalece."*
—Filipenses 4:13

📖 *"Y estas palabras que yo te mando hoy... las repetirás a tus hijos."*
—Deuteronomio 6:6–7

Adele Morales

📖 *"El Señor peleará por vosotros, y vosotros estaréis tranquilos."*
—Éxodo 14:14

📖 *"Reconócelo en todos tus caminos, y él enderezará tus veredas."*
—Proverbios 3:6

📖 *"Clama a mí, y yo te responderé."*
—Jeremías 33:3

Si alguna vez te preguntas si esto vale la pena...
si estás sembrando algo que realmente dará fruto...
si estás haciendo suficiente...

Vuélvete aquí.
A tu voz.
A estas verdades.
Y al Dios que te llamó.

Porque cuando una mujer recuerda quién es,
todo lo demás se alinea.

Y tú, querida mamá,
estás más alineada de lo que crees.

Gracias por caminar conmigo.
Ahora... **ve y sigue enseñando desde tu llamado.**

La revolución continúa.

Adele Morales

AGRADECIMIENTOS

Porque un libro nunca se escribe solo

A Dios, mi fuente inagotable.
Porque cuando sentí que ya no tenía palabras, Él me recordó que todo lo que necesito está en Su Palabra. Gracias por confiarme esta misión, por sostener mis días más vacíos y por multiplicar lo que sembré con lo poco que tenía.

A mi esposo, mi compañero en esta aventura. Gracias por creer cuando yo dudaba, por sostener el hogar para que yo pudiera escribir, y por caminar conmigo cuando esto solo era un susurro en mi corazón. Tu amor silencioso es mi base.

A mis hijas, mis mejores maestras. Ustedes son la razón por la que este libro respira autenticidad. Cada lección, cada capítulo, cada historia... nació en el día a día con ustedes. Gracias por ser mi ensayo, mi error, y mi inspiración más constante.

A mis padres, que sembraron en mí un legado de fe, trabajo y honra a las raíces. Gracias por enseñarme a valorar lo que no siempre se ve. Sus oraciones, su ejemplo y su historia viven en estas páginas.

Adele Morales

A mi comunidad de *Corto y Dulce Homeschooling*, especialmente a las madres fundadoras. Ustedes han sido mis faros, mis preguntas, mis voces de ánimo. Este libro es también de ustedes. Lo escribí con sus rostros en mi mente y sus necesidades en mi corazón.

Y a ti, lectora, madre, amiga, guía de almas jóvenes… gracias por dejarme entrar a tu casa con estas palabras. Oro para que este libro no solo te haya hablado, sino que te haya despertado. Sigue enseñando. Sigue sembrando. Sigue creyendo. Lo que haces sí importa.

Y lo mejor… aún está por escribirse.

RECURSOS RECOMENDADOS

Adele Morales

Comunidad: Caminemos juntas

Conexión, recursos y acompañamiento para madres que crían entre mundos

Este libro es el comienzo.
El verdadero cambio sucede cuando **no caminas sola.**

Por eso he creado un espacio solo para ti, madre valiente, que ha sentido el llamado de enseñar con propósito eterno mientras honra su cultura, su fe y su voz.

¿Qué encontrarás en nuestra comunidad privada?

- ✅ Afirmaciones mensuales para recordarte tu llamado
- ✅ Recursos imprimibles y guías bilingües
- ✅ Charlas en vivo y encuentros con otras madres que te entienden
- ✅ Apoyo emocional, práctico y espiritual para tu jornada

Es una comunidad **exclusiva para lectoras**, pero gratuita.
Un regalo para que este libro se convierta en transformación continua.

¿Cómo unirte?

Ve a: www.cortoydulcehomeschooling.com/libro
O envía la palabra **LECTORA** por mensaje directo a:
@cortoydulcehomeschooling en Instagram

También puedes suscribirte al boletín gratuito:

"Raíces & Alas"
Mensajes mensuales con inspiración, recursos y dirección práctica para tu homeschool bilingüe.
Incluye: imprimibles, herramientas exclusivas, y un recordatorio constante de que **no estás sola**.

⬇ Inscripción en:
☞ www.cortoydulcehomeschooling.com/newsletter

Te espero con los brazos abiertos.

Porque una madre equipada… transforma generaciones.
Y tú, mamá, estás llamada a algo hermoso.
Tu hogar es tierra fértil. Tu voz, semilla viva.
Y tu historia… parte de una revolución silenciosa que ya está cambiando el mundo.

Nos vemos dentro. 💕

Adele Morales

Recursos Bilingües para un homeschool con ritmo, cultura y paz

1. Libros Bilingües y Lectura Cultural

- *Booklandia* – Suscripción de libros bilingües para niños de todas las edades.

- *Lectura para Niños* – Libros con enfoque cultural para familias hispanas.

- *Barefoot Books* – Opciones bilingües ricamente ilustradas para early learners.

- *Lil' Libros* – Perfecto para preescolares y primeros lectores con enfoque en cultura latina.

- Bibliotecas locales – Pregunta por colecciones multiculturales o clubes de lectura bilingüe.

2. Currículos y Materiales Educativos en Español

- *Abeka en Español* – Para materias principales desde una cosmovisión cristiana.

- *Twinkl* – Miles de hojas y recursos imprimibles en español.

- *Teachers Pay Teachers* – Busca materiales creados por otras maestras homeschoolers bilingües.

- *Corto y Dulce Homeschooling* – Tus guías, planificadores y minicursos diseñados especialmente para madres hispanas.

3. Aplicaciones para Fortalecer el Idioma

- *Duolingo Kids* – Divertida y visual para niños (ideal para reforzar español).

- *Endless Spanish* – App interactiva para los más pequeños.

- *Homeschool Spanish Academy* – Clases en vivo con tutores nativos.

- *Conjugemos* – Para práctica de vocabulario y gramática en casa.

4. Formación Espiritual en Español

- *YouVersion Biblia App* – Planes de lectura devocional en español.

- *Mujer Verdadera / Aviva Nuestros Corazones* – Devocionales, blogs y conferencias para madres cristianas.

- *Biblias para niños* – Recomendadas: *La Biblia de Jesús para Niños* y *Mi Biblia Ilustrada* en español.

5. Cultura, Fe y Tradiciones

Adele Morales

- *Calendario de Celebraciones Culturales* – Marca y celebra días como Día de los Reyes, Día del Idioma, o Día de la Hispanidad.

- Cocina como clase cultural – Invita a tus hijos a cocinar recetas familiares mientras leen en español.

- Música y canciones tradicionales – Playlist

Ahora que has llegado al final de este libro, me honraría si nos escribes un review honesto en Amazon. Puedes escribirlo aquí:

Amazon.com/review/create-review?&asin=B0FH1STFHN

Biografía de la autora

Adele Morales es fundadora de *Corto y Dulce Homeschooling*, una comunidad vibrante de madres hispanas que educan en casa con propósito, identidad y fe. Homeschooler de tres hijas y mentora de cientos de familias bilingües en EE.UU., Adele combina más de 20 años de experiencia en desarrollo de talento, estrategia educativa y liderazgo espiritual.

Antes de dedicarse al homeschooling y el emprendimiento, Adele fue estratega de operaciones en el mundo corporativo, donde aprendió a liderar con enfoque, excelencia y visión. Hoy, usa esa misma pasión para empoderar a madres a transformar sus hogares en espacios de aprendizaje, conexión y legado.

Es speaker nacional, coach de crecimiento personal y de negocios, y creadora de múltiples programas para mujeres que desean balancear su llamado de educar con sus sueños personales y profesionales. Sus palabras inspiran porque nacen de la trinchera —no de la perfección— y su misión es clara: *formar generaciones con raíces firmes y alas grandes.*

Vive en New England con su esposo y sus hijas, desde donde lidera movimientos de fe, educación y libertad financiera con propósito.

📌 Conéctate con Adele en cortoydulcehomeschooling@gmail.com, Instagram o en sus comunidades privadas.

www.ingramcontent.com/pod-product-compliance
Lightning Source LLC
Chambersburg PA
CBHW020929090426
42736CB00010B/1087